ÉMILE DODILLO

LA

Chanson d'hier

POÉSIES

PARIS

ALPHONSE LEMERRE, ÉDITEUR

27-31, PASSAGE CHOISEUL, 27-31

M D CCC LXXXI

LA
CHANSON D'HIER

EMILE DODILLON

LA
Chanson d'hier

POÉSIES

FAC ET SPERA

PARIS

ALPHONSE LEMERRE, ÉDITEUR

27-31, PASSAGE CHOISEUL, 27-31

M D CCC LXXXI

SONNETS

La Chanson de demain.

FAIS-TOI du bon sang, rouge ainsi qu'un vin de vigne.
Hais bien. Aime encor mieux. Et prouvant que ta foi
Dans l'humanité seule est sûre, sous la loi
De lutte pour la vie avance en droite ligne.

Homme, pour te garder véritablement digne
Du beau nom d'homme, agis en homme. Veille à toi
Même en ces vœux secrets que chacun forme en soi.
Travaille donc d'abord : l'heure lâche est maligne ;

L'ennui qui bâille s'ouvre aux moucherons mauvais ;
Si fugitif qu'il soit, notre désir s'imprime
Dans le cerveau, l'imprègne, y vibre à tout jamais ;

Et par l'hérédité cette pensée intime
Se fixant... Veille à toi ! Ce rêve où tu te plais,
Ton fils à naître encor peut l'achever en crime.

A plat ventre dans les luzernes.

i

La plaine verte, large, immense. De la terre
La meilleure de Brie. Il faut voir, aux labours,
Quatre chevaux tirer à plein collier toujours,
Leurs muscles en sueur vibrant comme à la guerre.

Un océan. Partout la verdure. Il n'est guère
Qu'un peu d'or aux colzas. L'avoine est en velours
Vert pâle. Mais les blés, les trèfles, à flots lourds,
Vont jusqu'à l'horizon sans lèpre de jachère.

Dessus, le grand soleil générateur. Dedans,
Comme une « aura » terrestre âpre et saine et qui soûle.
Je me vautre à travers. La mer des sèves houle.

La Nature m'emmêle à ses germes ardents.
Tout vain rêve en moi meurt où l'homme se dépense.
Je voudrais être vache et me gaver la panse.

L'Apôtre.

LE plomb fondu, versé de haut sur la poitrine,
Creusait une caverne, ainsi qu'un nœud de vers,
Jusqu'aux poumons déjà par les verges ouverts.
— Souriant, il prêchait la suave doctrine.

Comme les hurlements de la houle marine
Les clameurs de la plèbe enflaient, l'odeur des chairs
Vives comptant parmi ses régals le plus chers.
— Un souffle calme à peine agitait sa narine.

L'un des bourreaux enfin de ses ongles sanglants
Lui fouilla dans le cœur, le touchant presqu'aux flancs
De son front où la haine elle-même s'attise.

L'apôtre alors, d'un peu de son sang pur qu'il prit,
Signa cet homme au front, et dit : Je te baptise
Au nom du Père, du Fils, et du Saint-Esprit.

L'Enclume.

L'APPRENTI lui disait : « Ce soir, sous les hangars. »
Oh ! quand il vit, caché derrière un tas de paille,
Son pauvre honneur d'époux flétri sous leur ripaille
D'amour, quel sang flamba devant ses yeux hagards !

Il ravala sa haine, éteignit ses regards,
Et rentrant au logis souffla sur la limaille
De l'enclume. Et chantant comme quand on travaille,
Il attisa la forge à brûler ses ringards.

La voici de retour, l'épousée infidèle.
Au gentil apprenti qui revient auprès d'elle :
« Tu vas frapper devant, dit-il, prends ton fertier. »

Et la soulevant comme il ferait d'une plume,
Il couche l'adultère au travers de l'enclume...
Les marteaux sonnent d'or sur l'enclume d'acier.

La Capeline blanche

DOUBLÉE EN ROSE.

Tu mettras cette capeline
Blanche dehors, rose dedans,
Comme le rire ouvrant tes dents,
Comme tes airs de zibeline,

Ces airs d'innocence câline
Qui voilent, même aux confidents,
Tes désirs fous, tes vœux ardents,
D'un pli naïf de mousseline.

Tu sais, tu m'as dit ton espoir :
Que tu voudrais que je t'apprisse
Mes rêves, mon moindre caprice.

Eh bien, ta capeline, au soir,
Donne à tes yeux, quand tu les penches,
Le regard d'enfant des pervenches.

Nuit de décembre.

QUAND tu t'en fus allée en me disant : Jamais !
   Après un baiser prompt quand tu t'en fus allée,
Je repris, marchant comme un fou, la grande allée,
Anéanti de voir à quel point je t'aimais.

Mon âme, qu'à présent, docile, je soumets
A ton moindre caprice, à cette heure, affolée,
Se déprenant de moi, fuyait d'une envolée
Loin de ces pays bleus où tu te renfermais.

Un rêve de viol m'enfiévrait jusqu'aux moelles
Par cette nuit d'hiver où les claires étoiles
Laissaient tomber en givre un pâle éclat durci.

Mon pas sonnait la mort sur la route muette.
Pour cette nuit-là même, ô mignonne, merci :
J'y pleurai tant d'amour que je me crus poète.

Jeune Mariée qui s'ennuie.

C E vieillard n'a pas plus de soixante-cinq ans.
Il est riche. Il est grave. Il est maigre. Il est chauve,
Et borgne de l'œil droit. Mais l'autre est noir et fauve,
Œil de juge sévère aux moindres délinquants.

Sa femme en a dix-sept. Honnêtes fabricants,
Ses parents, quand ils l'ont menée à cette alcôve,
Barbotaient dans la gêne. En ce cas rien qui sauve
Comme un gendre aux égards sonores et marquants.

Dieu! que son sein pointa sous son long peignoir mauve,
Un soir que suçotant des pâtes de guimauve
Et de kermès pour ses catarrhes suffoquants,

Son mari se plaignait en termes éloquents
Que la loi laissât trop de crimes tête sauve.
« Et tenez... les viols... Sont-ils assez fréquents ! »

La Sortie du cloître.

E LLE était morte encore hier quand elle errait
    Dans la peur du péché, sous la règle asservie,
Si frêle que sa marche au plein soleil suivie
N'eût pas fait d'ombre à son pas lent, sourd et distrait.

Mais l'aube glorieuse où son cœur aspirait
Depuis si longtemps s'ouvre à sa face ravie :
La Mort libératrice et mère de la Vie
Va terminer enfin son martyre discret.

L'âme est prête à partir. Le corps, gardien de l'âme
Comme le tabernacle est gardien de la flamme,
Repose d'un repos, sous le suaire obscur,

Où déjà l'on voit poindre en leur fond qui s'embrase,
Dans les yeux agrandis par la suprême extase,
Cet infini du ciel pour l'âme encor futur.

Le Chien.

ON me dit qu'on l'a reconnue,
    Aux passants du coin de la rue
Offrant, sous la lumière crue
Des becs de gaz, sa gorge nue.

Frères, voulez-vous d'un bon chien,
Fidèle et qui n'a peur de rien ?
Dans un solide et court lien
Prenez-moi le cou, serrez bien.

Car je ne veux pas qu'à ma honte,
Qu'au dégoût de moi qui me monte
A la face, vous vous trompiez.

Sauvez-moi, faites bonne garde :
J'irais encor, l'âme hagarde,
A genoux lui baiser les pieds.

La Cognée.

NE t'inquiète pas du pleurard ni du lâche,
O cognée! Entre au cœur des antiques palais
De feuillage, et ces troncs gangrenés, abats-les,
Si mous que la viorne autour d'eux se relâche.

Aux bras nerveux des bons bûcherons, fais ta tâche.
Frappe! donne du jour à ces noires forêts
De loups et de renards. Les plants jeunes sont prêts.
Que chacun d'eux, vers cet azur auquel il tâche,

S'élance, ivre de sève, et porte à l'infini
L'hymne des bourgeons verts et des tièdes nichées
Balbutiant encor de l'aile autour du nid.

Frappe! Et les morts auront dans leurs fibres séchées
Un reste de clarté sous ton acier fatal,
S'il frappe hardiment du Louvre à White-Hall.

Le Brenn.

Après avoir pillé toute la Thessalie,
Passé le Sperchius, gravi le mont Æta,
Le Brenn, chef des Kymris et des Galls, écouta :
La Hellade dormait dans l'ombre ensevelie.

Delphes, Delphes où l'or sur les frontons s'allie
Aux marbres de Paros, tout à coup, éclata
Dans la splendeur des cieux. La horde s'arrêta
Devant la ville blanche à leur souffle salie.

Sur les hauteurs du Nord le temple d'Apollon
Ouvrant ses soupiraux hurle par le vallon...
Les Galls ont fui, sans même essayer l'escalade.

Alors le Brenn, leur chef, insultant au vainqueur,
Boit du vin, le recrache au ciel de la Hellade,
Et se couche, un poignard et leur honte en plein cœur.

La bonne Ivresse.

A toi ces vers, camarade, où j'honore
Ce vin, le seul digne du nom de vin,
A qui jamais on ne demande en vain
Le large rire et l'ivresse sonore.

Hors du réel je veux fuir. Verse encore,
Verse, échanson, verse en haussant la main
Ce vin par qui mon très banal chemin
De gloire en fleur pour un jour se décore.

Salut donc, vin de Bourgogne, qui mets
La joie à l'âme, et sur nos noirs sommets
Plus de splendeur qu'un soleil des Célèbes.

Au bœuf lui-même errant parmi les glèbes
Je dis : « Mon frère. » Et je sens qu'à jamais
Mon cœur est plein du sang rouge des plèbes.

Estudiantina.

O bon bourgeois qui dors comme cuisent les cailles,
Dans les feuilles de vigne et les tranches de lard,
Nous sommes écoliers de Salamanque. L'art
Des chansons nous a mis sur les yeux des écailles.

Si bien que nous vaguons pendant que tu travailles,
Aveugles et bayant aux rimes, à l'écart
Des grands chemins du roi. Mais ce soir, il est tard,
Et l'eau des toits nous trempe au pied de ces murailles.

Par l'Incarnation, ô passant qui nous railles,
Sois maudit ! Sois maudit de rire sans égard
Pour la faim qui nous met des braises au regard,
Et qui nous râcle à mort la corde des entrailles !

Mais toi, pitié ! bourgeois bénin, toi qui toussailles
Rien qu'en songeant aux chiens tout nus dans le brouillard :
Nous n'avons pas le poil des chiens d'un béquillard,
Nos manteaux sont restés en loques aux broussailles.

Ouvre-nous. — Allez tous vous moquer loin d'ici,
Vagabonds que le diable a marqués ! » Mais voici
Qu'au-dessus des joyeux fauteurs de mascarade

Un clair soupir murmure : « O père, dors encor. »
Et l'un des fous, grimpant au dos d'un camarade,
Va cueillir un baiser derrière un mirador.

Chose vue dans un éclair.

L E ciel qu'on eût dit plein de soufre et de phospore
   Flambait sous la tempête, illuminant le bois
Où les bohémiens étaient campés. « Je bois »,
Disait le père, un vieux, « et je veux boire encore. »

Dans la tente qui claque au vent et que décore
Un rouge éclair, la bande accroupie est sans voix
Et hagarde : le père est ivre, et quelquefois
Son ivresse est terrible. « Allons, vieille pécore »,

Hurle-t-il à sa femme, « en route ! Entends-tu point
Que l'on crève la soif ici ! » D'un coup de poing
Il la renverse : « Hue ! infernale brehaigne ! »

Puis vautré dans un coin sur un tas de haillons,
Devant la mère nue à la porte et qui saigne,
Il joue avec sa fille en jupe à gros paillons.

2

Le Jardin.

LE temps n'est plus qu'au jardin de mon âme
Vous éleviez, fleurs de pourpre et d'azur,
Et vous, lys blancs aux fins pistils d'or pur,
Votre calice au grand soleil en flamme.

Comme une nonne en prière se pâme
Au moindre bruit passant sous le vieux mur,
Le moindre souffle ouvrant votre cœur mûr
Le jette entier dans une boue infâme.

O claires nuits de mai ! Le rossignol
Courait l'amour dans mes bosquets, d'un vol
Encor moins doux que ses notes perlées.

Mais aujourd'hui par ces nuits de gelées,
Je n'entends plus que rouler sur le sol
Des arbres morts et des louves pelées.

La Fuite.

*

C'EST une heure que j'aime à revivre entre toutes
Dans le poème ardent de notre Michelet.
Louis, en se cachant sous l'habit d'un valet
En a pris l'âme. Il tremble à chaque ombre des routes.

La voyez-vous poussée en avant par les doutes
Et les peurs, la berline où gémit le Capet,
Pendant que l'Autrichienne en son espoir muet
Voit la France vaincue et livrée aux déroutes.

Monsieur de Valory qui galope en avant
Pour faire préparer les relais, bien souvent
Se retourne... Il croit voir des lueurs dans la plaine.

A nous, Drouet ! Je sens ta mâle ardeur en moi,
Et crevant ton cheval pour courir sus au roi,
J'ai tes cris de vengeance et ta sueur de haine.

Aurélia.

I

> ... Un souterrain vague qui s'éclaire
> peu à peu, et où se dégagent de l'ombre
> et de la nuit les pâles figures gravement
> immobiles qui habitent le séjour des
> limbes ..
>
> *Aurélia,* Ire partie.

A la gloire de ta chevelure profonde
   Aux secouements pareils aux houles de la mer,
Quand mon amour te fait quitter ce masque amer
Du dédain de l'amour où ton orgueil se fonde.

A la gloire de tes yeux larges comme un monde,
Monde équatorial où les soleils d'enfer
Sous des rayons plus durs que des verges de fer
Courbent tout, du fier cèdre à l'euryale immonde.

A la gloire surtout de ton sein plein d'accords
Quand il s'élève et qu'il s'abaisse sur ton corps
Comme au paisible cours d'un lac deux blanches îles.

A la gloire surtout de tes seins quand tu veux
Bien croire à mon amour et qu'aigus et fébriles
Ils palpitent encore au vent de mes aveux.

II

Je me mis à chercher dans le ciel
une étoile.
Aurélia, 1re partie.

MON rêve, à la hauteur sereine où je l'assieds,
Élargissant vers l'est ses limites banales,
Contemple du soleil les pourpres triomphales
Que la nuit roule encor ses limbes à mes pieds.

Voici l'aube. Elle glisse au sommet des glaciers
Sur la timidité des neiges virginales,
Et refoule l'afflux des brumes matinales
Au vallon des granits bleus comme des aciers.

Va, ton corps est plus pur que la neige des pôles
Quand la lumière dore un coin de tes épaules
Et se coule et se perd dans le pli de tes flancs,

Au matin, quand j'entr'ouvre, oh ! bien peu, la croisée,
Et que tu m'offres, Chère, au bout de tes doigts blancs
Ton baiser d'éveil plein d'aurore et de rosée.

III

— Où vas-tu?
— Vers l'Orient.

Aurélia, 1re partie.

TAIS-TOI, veux-tu? Le plus doux de tes doux propos
Me fatigue à l'égal du plus hideux mensonge
Quand tes yeux sont ainsi grands ouverts, quand mon songe
Peut descendre et s'aller perdre dans leur repos.

Car ils sont mon délice étrange. Clairs, dispos,
J'y vois comme des fleurs simplettes. Mais je plonge
En eux, et c'est un gouffre, et leur orbe s'allonge,
Et c'est alors la nuit des immenses campos.

C'en est le ciel intense, immuable, sans bornes,
Les lointains infinis et les silences mornes.
Parfois une pensée en leur azur profond,

—Comme là-bas l'oiseau-mouche, perle vivante —
Se lève, éclaire, brûle, et se noie, et se fond
Dans leur sérénité morbide et captivante.

VI

Je m'étais rassis au festin.

Aurélia, 2º partie.

E T la chambre fut vide... Oh ! l'effroyable soir,
Quand je me vis là, seul où tous deux nous passâmes
Tant de ces jours muets pendant lesquels nos âmes
N'étaient qu'un même feu dans un même encensoir.

Je tirai des rideaux épais de velours noir
Sur le lit tiède encor de ses baisers — infâmes,
Puisqu'ils mentaient ! — Je mis des cendres sur les flammes
Du foyer, pour que rien n'ôte à mon désespoir.

Emplissant d'un seul coup la ténébreuse alcôve
Des rayons immanents à sa crinière fauve,
Je la vis apparaître à travers les rideaux...

Une chienne au dehors fouillait dans la gadoue,
Et son maître, — ah ! tous deux bien heureux ! — sur le dos
Ronflait, ivre, et du vin encore plein la joue.

La Tour.

C'ÉTAIT dans la tour d'une antique cathédrale.
Étroite, et haute, haute!... On eût dit comme un puits...
Les murs étaient d'un seul bloc de marbre, depuis
La base jusqu'au faîte, et lavés d'eau lustrale.

Ainsi qu'une prunelle immobile et spectrale
Elle s'ouvrait en haut sur le plafond des nuits,
Et son pied touchait presque à ce gouffre où sont cuits
La lave et les métaux par la flamme centrale.

Je me voyais couché sur un étroit repli
Au milieu d'un des murs de marbre, plus poli,
Plus lisse, plus glissant qu'une paroi de glace.

Et mes yeux, attirés par le vertige en bas,
Y voyaient ma Très Chère assoupie à sa place
Et de petits abbés qui lui tiraient les bas.

La Chanson de l'Impatiente.

ENCOR ces strophes décousues
Où tu te forges mille maux,
Où tu pleures dans de grands mots
Des femmes que tu n'as pas eues.

Assez de chimères déçues !
Allons, rossignols, tas de sots,
Taisez vos peines aux échos,
Mais que vos gaîtés y soient sues.

Laisse rêver les rêveurs, fou.
L'aurore embaumant l'atmosphère
Vaut-elle mon souffle à ton cou ?

Ignores-tu que je préfère
Aux plus beaux chants que tu peux faire
Tes longs baisers tu sais bien où ?

La petite Rieuse.

AVEZ-VOUS ri de moi, Mignonne, et si longtemps !
Vous ai-je assez suivie ! une heure ! dans la boue !
Et cela sans vous voir, puisque sur votre joue
Un triple voile noir plaquait ses plis flottants.

« Avançons... Retournons... Éloignez-vous, j'entends
Que l'on marche à côté... — C'est le vent qui secoue
Les gouttières », disais-je. Alors, faisant la moue,
Vous me trouviez stupide avec mes airs contents.

Que voulez-vous, j'étais heureux malgré la pluie,
Malgré votre dédain, et tenez, tout m'ennuie
Depuis cette nuit-là, jusqu'au soleil, ma foi !

En voyant votre col j'oubliais mon martyre,
Et si je savais bien que vous riiez de moi,
J'étais auprès de vous, je baisais votre rire.

Blondine.

Et penser qu'hier je chantais l'air si
Moderne : L'amour ? J'aime mieux la lune
Toute femme est femme, et que passe l'une
Ou l'autre, prends-la, frère, et dis merci.

Hélas ! à cette heure, amoureux transi,
Mon cœur trouverait la plus belle brune
Qu'il resterait comme une vieille prune
Décati, durci, racorni, ranci.

Car l'enfant qui seule aujourd'hui m'occupe,
Qui me traîne après l'ombre de sa jupe,
Est blonde comme un lataké de roi.

Ha ! ce blond maudit dont je suis la dupe,
Ce blond d'or craintif, d'étoile en émoi,
Ce blond de malheur n'arrive qu'à moi.

Catéchisme.

APPUYANT au gros pilier
 Son dos que son bedon lasse,
Le curé fait de sa place
Réciter chaque écolier.

C'est d'un dessin familier.
Ça serait gentil de face
Avec ce fond où s'efface
L'autel au large escalier.

Non ! jamais tête pareille
A ce prêtre... nez... oreille...
N'est apparue à Daumier,

Pensais-je, et c'est bien dommage.
— Lui, lisait, sans sourciller :
« Dieu fit l'homme à son image. »

Deux Moines à nous.

CELUI qu'on nommera le « Docteur admirable »,
Frappé, jeté sanglant au cachot, à l'oubli,
Pense à sa tâche, et froid, mi-mort, enseveli,
Jure de vivre! et vit, fort comme un vieil érable.

L'autre souffre sept fois la torture; du sable
Fondu lui cuit les yeux : il reste recueilli,
Et rêvant un jour proche, au mensonge aboli,
Lève aux bourreaux vaincus son front inaltérable.

Ces moines sont à nous. Au seuil des temps nouveaux,
Bâcon sait que malgré le pape et les caveaux
La science tura les scolastiques fausses;

Campanella, poète épris d'azur vermeil,
Chante, et dans l'ombre infecte au cul des basses-fosses,
Y voit clair à bâtir la Cité du Soleil.

Dans les Prés.

P A R les prés qui nous font le cœur sain, viens-nous-en.
Croirais-tu que la nuit dernière, à la même heure
A peu près que ce soir, dans la vieille demeure
D'un bon paysan, j'eus ce rêve paysan :

Je suis fermier. Au pas d'un rustique alezan,
Le long des chemins verts que ma charrue effleure,
Je remâche, pendant que l'aube en perles pleure,
Mes bonheurs positifs de robuste artisan.

Et toi, levée aussi dès l'aube, à la fontaine,
Tu laves notre linge et chantes à voix pleine.
Ou nous appelle les jeunes époux joyeux.

Près d'un berceau d'enfant aux rideaux de cretonne,
Continuant mon rêve... Ah ! comme avec tes yeux,
Ils étaient beaux et gais ! nos chérubins, Mignonne.

Blessure.

JE le sais bien que vous allez me dire.
   Qu'il est niais de pleurer pour si peu ;
Que les vins clairs, la sève et le ciel bleu
Sont revenus à la mode, et le rire.

Je ne puis pas ! Je ne puis pas ! Le feu
Du diable, amis, me serait un martyre
Bien préférable aux pensers que m'inspire
Cette amour morte à son premier aveu.

Frères, prêtez-moi l'épaule. J'assure
Que cette large et profonde blessure
Ne me vient pas d'un poignard de carton.

Et toi, morveux au scepticisme bête,
Avec ta raie au milieu de la tête,
Va rire ailleurs ou gare à mon bâton.

Orientale.

Si nous jouïons à l'Orient?
Dit-elle. — Et mon feu monotone
Devient, pour tout un soir d'automne,
Plus gai qu'une aube, et plus brillant.

Sur les toits d'à côté, criant
Ses amours, une chatte entonne
Un concert fauve qui l'étonne,
Ma folle à l'amour souriant.

Hors le feu flambant, rien ne bouge.
Je la coiffe d'un tarbouch rouge.
Elle fait celle qui s'endort.....

Mais dès que mon baiser s'arrête,
Je vois frémir sa cigarette
Entre ses deux doigts teintés d'or.

Les trois Heures de l'Amour.

I

MATIN.

DEHORS, le jour se lève, et les bruits du travail.
S'insinuant ici par un joint de croisée
L'aube entre en un faisceau de lumière rosée
Qui palpite et s'écarte en branches d'éventail.

Dans un dernier coup d'œil fixant chaque détail
Au meilleur de mon âme encore inapaisée,
Je regarde la chambre, et toi surtout, baisée
Par un frisson d'aurore au collier de corail

De ton poignet qui pend au bord du lit. Prodigue
Et toute abandonnée à la chère fatigue,
Tu dors, montrant tous les paradis de ton corps.

Je pars sans t'éveiller. Et rencontrant dehors,
Dans ton parc, les petits du jardinier, rapide,
Je fuis devant l'azur de leur grand œil limpide.

II

MIDI.

C'EST que si notre amour est aussi profond, oui,
Que la mer océane, il est aussi comme elle
Faux et rageur, avec sa vague qui grommelle
Tout en roulant les ors d'un soir épanoui.

C'est que si notre amour est sincère, enfoui
Dans des langueurs d'alcôve où l'ombre s'amoncellle,
Il s'efface, au jour franc de Midi qui ruisselle
Comme un pétrel-tempête au large évanoui.

C'est que ce n'est pas là cet amour qui se montre
Devant tous, et qui fait au viveur qu'on rencontre
Dire en haussant un peu l'épaule : « Ce gamin ! »

O petite bourgeoise, enfant simple et loyale,
Sauve-moi des bas-fonds brumeux, tends-moi la main.
Je veux suivre avec toi la grand'route royale.

III

SOIR.

Tu m'attendais. (Et tu n'attendais que moi, dis?)
  Ta maison chasse loin, sauf l'Angélus qui tinte,
Close et capitonnée et toute lampe éteinte,
Le bruit le plus vivant par ses airs engourdis.

J'entrai, mon âme entière et mes sens reverdis
Dans toute une journée au bois, hors de l'atteinte
Des sots, buvant l'air libre et la lumière sainte.
La nuit emplissait ta chambre. Je m'y perdis.

Alors, dans l'ombre où l'œil peu à peu s'habitue,
Je vis cette pâleur qu'un marbre de statue
Épand autour de lui même aux soirs les plus lourds.

C'était sur le lit bas où j'ai tué mes fièvres.
O nuit, nuit ténébreuse, épaissis-toi toujours :
Tu ne cacheras pas leur chemin à mes lèvres.

Bataille.

Au cabaret de chez Picard, « Au veau qui tète »,
  Nous étions à chanter, aux trois quarts déjà soûls,
Quand ceux des environs, bras dessus bras dessous,
S'amènent en chantant aussi. C'était la fête.

S'ils viennent pour la fête, ils l'auront. Qu'on s'apprête.
Nous n'en avons pas trop des filles de chez nous !
Des reins et de la poigne !... Et toi, gonfle nos cous,
Sang chaud de la bataille, et nous viorne à la tête.

Attendez que je place à l'abri mon chapeau.
Rien aux mains, rien aux pieds, surtout... Peau contre peau...
Et faites sauter l'œil au gendarme s'il bouge.

Hardi ! les camaraux, les lurons, les vrais gas !
Cognez au nez ! Et que ça saigne : il ne faut pas
Que du vin violet pour nous soûler de rouge.

A la Côte.

Dix heures, le vent d'ouest a poussé vers la côte
La rage des taureaux hurleurs de l'Océan.
Le Cap de granit grince en essieu de volcan,
D'habitude muet, tête impassible et haute.

Le Soleil élargi, humant le vent qui saute
Et soulève le large en un dernier ahan,
Brûle et tombe, vainqueur blessé de l'ouragan,
De colonnes de flamme incendiant son hôte.

Et voici que du sud le vent renaît plus fort.
Mais la Mer cette fois reste grave à la mort
Du jour saignant sur elle en pourpres triomphales.

Nuit. Pas fluide, ouverte au vol des rêves, mais
Comme un seul bloc de houille et qui semble à jamais
Appuyer sur le cri continu des rafales.

La Favorite.

J E suis de ces rêveurs bénins dont la folie
   Croit aux jeux du harem, aux rosiers de l'Iran.
— On amène à Schiraz, pour le jeune tyran,
Des vierges de Tiflis et de la Mingrélie.

Quand tombèrent avec leur ceinture polie
Leur tchadré blanc et pourpre et lamé d'or safran,
Comme l'astre Althaïr et l'astre Aldébaran
Leur gorge se leva sur une aube pâlie.

De ses yeux noirs plus noirs et plus creux que des puits,
L'enfant leur prête à peine un regard vague, et puis
Les rend à la gazelle à ses pieds souveraine.

Jalouse, elle a des yeux clairs comme des rubis ;
Et l'enfant l'admet seule en son âme hautaine
Du jour qu'il l'a trouvée au désert de Kubis.

Subjectivisme.

I.

Dès que je mets le nez dans quelque rhétorique,
J'y prise un vieux poussier qui m'endort sans respect.
Vous pouvez me répondre, ô lettré circonspect,
Qu'on m'en croit sur parole et vous croire ironique :

Votre bon goût n'est pas du mien. J'ai la colique
Dans un parc pommadé, sur un roman correct.
Hé ! je m'en fiche bien qu'un chemin soit direct,
S'il me semble plus long que ce sentier oblique

Où des muguets de jour pleuvent des rameaux fins...
Que ne puis-je assouvir en moi toutes les faims,
Puis, tomber, fracassé, sur un pavé d'émeute...

Je comprends Siméon stylite. J'aime en tout
L'excès, l'effort qu'on voit, la sève, un sang qui bout,
Les passions mordant la chair comme une meute.

2.

APRÈS que sur la sphère une vision brève
M'a montré notre monde entier, d'un tour de main,
Toujours, à cette croix que j'ai faite au carmin,
J'arrête mon voyage et mes douleurs font trève.

L'Égypte... La Lybie au sud-ouest, morne grève...
Le soleil roule en flamme aux parois d'un ravin.
A l'entrée, un grand sphinx, dans un calme bovin,
Accumule à son front quatre mille ans de rêve.

Loin de nos terreaux gras si longs à nous pourrir,
Dans ce ravin-fournaise, un midi, pour mourir,
Je voudrais me coucher, m'endormir fibre à fibre,

Et les activités du plein soleil sur moi,
Me dissoudre, sentir que je retourne en toi,
Mère unique! Matière éternelle! à l'air libre.

3.

Ou bien encor la mort que je désire est celle
    Dont avant-hier j'ai vu mourir un pauvre vieux
Hercule. La baraque était pleine. Envieux
D'un jeune, qui jonglait avec de la vaisselle,

Il crie : « A moi ! » remonte une manche à l'aisselle,
Jongle avec des kilos. — « Assez ! » — Il sent les yeux
De la foule en caresse à ses biceps noueux,
Et meurt, crachant le sang d'un râle de crécelle.

Cependant je m'habille en redingote, j'ai
Besoin d'un rince-bouche après avoir mangé,
Et je chante l'amour en vers d'un décamètre...

Trouvez-vous pas que l'on devrait vivre à son choix,
Et que mes père et mère ont eu tort de me mettre
L'âme d'un vagabond sous la peau d'un bourgeois.

VIEUX AIRS

SUR

LA PETITE FLUTE.

Vieux Airs sur la petite flûte.

I

Vous me dites que toujours
  Je chante les mêmes choses :
Mon amour et mes amours,
  La rose et les lèvres roses.

Mes amis, c'est que toujours
  J'aime et j'aimerai ces choses :
Mon amour et mes amours,
  La rose et les lèvres roses.

Mes amours, ô mes amis,
  C'est chanter un franc poëme
Où quelqu'un de vous a mis
  Son cœur libre de bohême ;

C'est l'hiver, au coin du feu,
Ma pipe étant allumée,
Suivre au lointain pays bleu
Les spirales de fumée ;

C'est ensemble, ô compagnons,
Nous emplir jusques aux moëlles
D'un vin qui change, aux pignons,
Tout bec de gaz en étoiles.

La rose : c'est la beauté,
C'est l'aurore qu'on respire,
Et c'est aussi la gaîté
Des lèvres s'ouvrant pour rire.

Et mon amour : — oh ! crois-moi —
C'est tes longs cils que je baise,
C'est toi, Mignonne. Et c'est toi,
La bouche qui sent la fraise.

Viens. Par mon rire et mes pleurs,
J'en jure aux bourgeois moroses :
La rose est la fleur des fleurs,
Et toi la rose des roses.

II

Viens, Mignonne. A ta fenêtre,
L'oiseau sauvé du péril
Des vents d'Ouest pleins de grésil
Redit la chanson du Maitre :
Mignonne, voici l'avril.

O cher soleil qui te lèves
Dans les beaux cieux éclatants,
Fais que les cœurs de vingt ans
Mêlent au printemps des sèves
La sève de leur printemps.

Viens, Mignonne. Les fleurettes,
— Marguerite ou bouton d'or —
Dans l'herbe menue encor
Déplissent leurs collerettes
Que fanera Messidor.

Et vois. Chacune t'invite,
Pour t'en venir aux prés verts
Et railler les vieux hivers,
— Bouton d'or ou marguerite —
A te coiffer de travers.

Les chants dont l'hiver me sèvre,
Pour toi seule composés,
Aux bois me sont bien aisés,
Quand j'en compte sur ta lèvre
Les rimes en longs baisers.

Mets ta robe la plus claire,
Bas à jour, souliers de fil,
Et courons dans le courtil.
Tra la la la la la laire...
Voici la chanson d'avril.

III

I.

Ne dis pas à l'humble fleur
  Que tu trouves :
« Qu'est-ce donc, sous ta couleur,
  Que tu prouves? »

Ne dis pas au gai soleil
  Qui traverse
En mai le brouillard vermeil
  D'une averse :

« A quoi bon tes perles d'or
  Dénouées
Sur le sein mobile encor
  Des nuées? »

Aux parfums qu'à tout buisson
        La campagne
Distille, et que la chanson
        Accompagne,

La chanson du rossignol
        Qui nous conte
D'une amour — en si bémol —
        Le mécompte,

Ne dis pas : « Chante donc moins,
        Doux poëte ;
Que ta lyre sans témoins
        Soit muette.

« Et vous, pourquoi faire aussi
        La sottise
De les livrer sans souci
        De la brise,

« Vos parfums et votre miel ?
        Restez closes,
Pervenches — gouttes de ciel —
        Et vous, roses. »

2.

Mais bois les bonnes senteurs
  Et les baumes,
Et des doux oiseaux chanteurs
  Suis les psaumes ;

Mais admire tout éclair,
  Dans l'espace,
Qui devant ton regard clair
  Vient, luit, passe ;

Mais prends-la telle qu'elle est,
  Triste ou gaie :
La fleur dans son teint de lait
  Fatiguée,

Ou comme un cœur enflammé
  Quand éclate
Son calice blanc lamé
  D'écarlate.

3.

Car ce que prouve la fleur
        Que l'on cueille,
Ou qui tombe de langueur
        Feuille à feuille ;

Et ce que prouve le goût
        De la fraise
Qu'emporte le vent partout
        A son aise ;

Et le grand soleil divin
        Dont les perles
Au ciel s'égrènent en vain ;
        Et les merles

Qui sifflent ; et les ramiers
        Quand ils couvent ;
Et les grands flots prisonniers,
        Ce qu'ils prouvent,

Quand ils viennent se ternir
  Sur les grèves,
Ne laissant qu'un souvenir
  Dans nos rêves :

C'est que rien de bon, de beau,
  A la chape
Lourde et froide du tombeau,
  Rien n'échappe ;

C'est qu'ici-bas nos vingt ans
  Ne demeurent
Guère, hélas ! qu'assez de temps
  Pour qu'ils meurent.

4.

Profitez-en donc, doux yeux
        Que j'implore :
Reflétez le soir des cieux,
        Et l'aurore ;

Narines, toutes les chairs
        Qu'ont les roses,
Aspirez-les dans vos clairs
        Replis roses ;

Oreille, mêle aux grais bruits
        De la terre
L'hymne que murmure aux nuits
        Chaque sphère ;

Et toi, cœur des soupirants,
        Ris des fièvres,
Et monte en baisers vibrants
        Sur les lèvres.

IV

VA, Mignonne, dors encore.
Fi du matin dans les cieux !
Il n'est pour moi qu'une aurore :
C'est quand tu rouvres les yeux.

Hirondelles, partez toutes
Chercher de nouveaux soleils :
Il n'est pour moi que les routes
De ton col à tes orteils.

Que des badauds la mémoire
M'ignore si bon leur plaît :
Je n'aspire à d'autre gloire
Qu'à me dire ton valet.

Et que tout ce qu'on envie
Te tente aussi peu que moi :
Je ne connais qu'une vie,
C'est de mourir près de toi.

Je manque de patience
Dans les disputes du jour,
Ayant la grande science :
Bien boire et t'aimer d'amour.

Donc approche-moi tes lèvres,
Calice du paradis
Où je bois les douces fièvres
De ton baiser. — Tu dors, dis?

Va, Mignonne, dors encore.
Fi du matin dans les cieux!
Il n'est pour moi qu'une aurore;
C'est quand tu rouvres les yeux.

V

L'INSOMNIE D'ARIEL

Mon lit est la clochette d'une primevère.
(La Tempête.)

« Quand les hiboux roux
Sortant de leurs trous
Vont par les ruines,
Aux cloches des lis
Je trouve des lits
Cachés aux bruines.

Pour narguer le vent,
Je tisse devant
Ma couche baignée
Des plus frais parfums,
Quatre rideaux bruns
En fil d'araignée.

Et là, Vent des Morts,
Viens toi-même et mords,
Si tu veux, ma toile :
Rien des froids hivers
Ne passe au travers,
— Qu'un rayon d'étoile.

Chère vision !
Amis, ce rayon,
C'est l'œil de ma mie
Qui se lève, sur
Ses coussins d'azur
Encore endormie.

C'est elle, mais las !
Mon cœur en est las ;
Et son œil qui brille,
O duc Prospéro,
N'est qu'un noir zéro
Quand je vois ta fille. »

Ainsi d'Ariel
La chanson au ciel
Monte en plainte vaine ;
Il tremble, et du sang
Le cours languissant
Pâlit dans sa veine,

Depuis ce matin
Qu'il surprit au ·bain
Sur les tièdes grèves
L'enfant Miranda,
Et qu'il en garda
Le rêve en ses rêves.

VI

DÉMOLITIONS

Tu sais, ce nid près des gouttières,
Ce bon vieux grenier que jadis
Ont déjà chanté nos grands-pères,
Au temps d'un nommé Charles Dix;

Si haut! si haut! qu'à chaque aurore
Le jour y prenait ses ébats
Quand il faisait nuit pleine encore
Chez les locataires d'en bas;

Et si grand! si grand! qu'une chaise,
Mon tire-bottes et ton lit
L'emplissaient jusqu'à la cymaise :
Mignonne, on nous le démolit.

Dans cet hiver où nos deux âmes,
Mignonne, s'y tinrent au chaud,
Quels bons moments nous y passâmes !
— Pas assez large, un peu trop haut. —

L'heure a fui que les libres vagues
De tes cheveux battaient ton cou,
Que mes doigts s'y roulaient des bagues,
Que tes baisers me rendaient fou.

Ma jeunesse s'en est allée
Au diable. Et ma mie, aujourd'hui,
Dans votre troupe est enrôlée,
Vénus banales !... L'heure a fui.

Et je viens de voir tout à l'heure
Crouler, sous le pic du maçon,
De la bonne vieille demeure
L'escalier en colimaçon.

Dans les gravats je me hasarde,
Et bientôt, à mon sang qui bout,
Je reconnais de la mansarde
Un des côtés encor debout.

Malgré les murailles minées,
Je grimpe, et je trouve, au pignon
Que sillonnent les cheminées,
Le coin où j'écrivis ton nom.

Et j'erre ainsi dans les décombres,
Parmi les maçons ébahis,
Cherchant à ranimer les ombres
De mes premiers amours trahis.

VIII

J'ÉTAIS écolier à Paris.
   Je demeurais, place Sorbonne,
Chez un bourgeois à chapeau gris,
Au-dessus des chambres de bonne.

Invoquant une Béatrix
Idéale, je veillais, blême,
Quatre heures, cinq, et même six,
A rimer : Je l'aime ! Je l'aime !

Et je pleurais, et je riais,
Et la nuit tombait sur la place
Un soir d'avril que je criais :
« O Béatrix, mon âme est lasse,

« Lasse d'errer seule au milieu
De ce monde triste et morose,
Au lieu de boire frais, au lieu
De courir quelque robe rose.

« Viens, si tu veux qu'en ce printemps
Je reste fort et continue
A te garder purs mes vingt ans.
Loin de toi ma foi diminue.

« Que ton œil sous tes longs cheveux
M'éclaire comme un clair de lune,
O Muse! et qu'il guide mes vœux
Vagabondant dans la nuit brune.

« Mes lèvres s'ouvrent. Mon cœur bat.
Pourtant, ô mon amour unique,
Je combattrai le bon combat,
Je suivrai ta blanche tunique.

« Mais viens m'encourager, au moins!
Que dans mes nuits noires de tombe
Tes frissons d'ailes, doux témoins,
Chassent les doutes où je tombe.

« Viens donc, ô Béatrix! J'ai faim
De jeune amour, j'ai soif de joie.
Et mon âme partie enfin
Monte à la lune qui rougeoie. »

Ainsi, bouche bée, écolier
Timide, j'appelais la Muse,
Quand j'entendis sur mon palier
Une petite voix confuse.

Ce n'était pas Béatrix, mais
C'était la petite Suzette.
Je ne la rencontrais jamais
Que chantant comme une musette.

Suzette ! Oh ! quels baisers surpris
Dans ta mansarde de bobonne.
J'étais écolier à Paris.
Je demeurais place Sorbonne.

IX

LE petit bateau file, file
Tout le long du rivage herbeux,
Et me débarque à l'île, l'île
Où resplendissent mille, mille
Oiseaux tous gentiment verbeux.

Sur les chaumes, c'est l'alouette
Qui s'élève, allègre, dans l'air.
Elle fait rentrer la chouette
Au vieux clocher à girouette,
Et nous prédit un soleil clair.

Elle a dit vrai. Sur la colline
Encore endormie au lointain,
Le haut des sapins s'illumine,
Et chaque vieil arbre s'incline
Pour la prière du matin.

Par les ruisselets arrosée
La plaine aussi sort du sommeil;
Et sur son herbe reposée
L'aurore en perles de rosée
Descend dans un frisson vermeil.

Et tout s'anime dans les haies.
Le bouvreuil au bord des sentiers
Siffle ses notes les plus gaies
En voyant les petites baies
Dont s'éclairent les églantiers.

Le sol est plein de fleurs nouvelles,
Et l'air en contient plus encor.
Aux fleurs est-il poussé des ailes?
Ou papillons et demoiselles
Sont-ils changés en boutons d'or?

Soleil, dore-les bien les gouttes
De rosée après les lilas.
Une enfant, au tournant des routes
Apparaît, qui les boira toutes,
Quand je lui chanterai tout bas

Ma chanson la plus caressante
Sur un vieux air du vieux Baïf :
Accours, ô ma chère innocente,
Des fleurons de la fleur naissante
Parfumer notre amour naïf.

IX

LE TRONE.

I.

Couvert de velours écarlate
Et piqué de larges clous d'or ;
Si riche et si haut ! qu'il éclate
Comme un soleil de Messidor,

Et qu'aux jours de cérémonie
Cent canons tonnant à la fois
N'y semblent plus qu'une harmonie
De violons et de hautbois :

Tel sur l'escalier tout en marbre
Le Trône royal apparait.
Mais j'aime autant au pied d'un arbre
Un nid de mousse à la forêt.

2.

Quand notre Roi monte à son Trône,
Monte sur mille fronts penchants,
Notre Évêque le loue au prône,
Tous les tambours battent aux champs;

Les fantassins, les cavalcades
Sous leurs casques d'acier bruni
Serrent les rangs pour les parades.
— Mais que je préfère, ô Nini,

Au bord du lit quand tu déroules
Tes cheveux et que tu t'assieds,
A ce trône au-dessus des foules
Mon tabouret bas à tes pieds.

X

LA VOLEUSE DE BOIS.

I.

Monsieur le Marquis, c'est Margot
     Le jupon troussé sur les hanches,
Qui se taille à travers les branches
De vos bois, là-bas, un fagot.

Jean-Pierre, qui veille au brigot,
Jean, votre garde aux guêtres blanches,
Poursuit sous les feuillaisons franches
L'enfant qui se sauve au grand trot.

Elle va fuir. Non : épuisée,
La petite sur la rosée
Au fond du bois, fait un faux pas.

Monsieur le Marquis, c'est Jean-Pierre
Qui perd au fond de la clairière
Le temps qu'il vous doit, tout là-bas.

2.

Monsieur le Marquis,
Du fouet dont il claque,
Excite, au taillis,
Phanor, son chien braque.

« Allons, mon Phanor,
Le sauvageon fume.
Cherche, cherche encor
Le poil et la plume. »

— « Allons, la Margot,
Prends ta serpe et coupe.
Il faut un fagot
Pour cuire une soupe.

« Et le soir il faut
Quand ton homme rentre
Un bouillon bien chaud
Qui lui tienne au ventre. »

— « Tiens ! qui chante ainsi ?
Encor quelque gueuse
Qui s'en vient ici
Voler... Hé ! voleuse !

« Quel métier fais-tu
De piller mes ventes ?
Oh ! ce nez pointu...
Quoi, tu t'épouvantes ?

« Ai-je l'air méchant
Tant que ça ? mignonne
Au doux front penchant,
Au sein qui fleuronne.

« Laisse-moi poser
Sur ta lèvre, vite,
Un, rien qu'un baiser,
Et je te tiens quitte.

« Là, je suis payé.
Tu peux, à cette heure
Du bois dépouillé
Remplir ta demeure.

« Sape à tour de bras
Taillis et futaie,
Et n'arrête pas
Ta chanson si gaie. »

— « Je vous dis merci
Monsieur notre maître,
Bien que j'aie ici
Le droit de paraitre,

« Car, j'ai, fit Margot,
C'est ce qui m'attarde,
Déjà du fagot
Payé votre garde. »

XI

Viens-nous-en dans les jardins
      Rire,
Et laisse tous les voisins
      Dire.

Dans ces heures de repos
      Froides,
Ta mère grand aux vieux os
      Roides,

Auprès d'un maigre tison
      Chante,
Quelque reste de chanson
      Lente,

Dont le murmure discret
      Berce
Son rêve, où comme un regret
      Perce,

Un regret de ces lointains
        Ages
Qui se moquent des refrains
        Sages.

Viens. Sans faire plus de bruit
        Qu'elle,
Viens, nous courrons dans la nuit
        Belle.

Viens. La lune étend pour nous
        Plaire,
Sa lumière à nos genoux,
        Claire ;

Et le rossignol des bois
        Reste
Tout penaud devant ta voix
        Preste.

Fuis devant mes vers joyeux,
        Prose !
Ferme-toi devant ses yeux,
        Rose !

Viens. On voit même les chiens
        Rendre
L'âme d'amour, ce soir. Viens
        Prendre,

Quand j'entends l'heure aux beffrois
  Battre,
Rien qu'un baiser, un, deux, trois,
  Quatre...

———

XII

CE n'est pas Aldébaran :
    Un feu pourpré la décore;
Pourtant c'est bien moins encore
Altaïr, toute safran ;

Comme sur une avalanche
L'aube en haut des glaciers nus,
Jadis rouge, Sirius
Brille aujourd'hui toure blanche ;

Ce n'est pas sur les sommets
Des coteaux pointant sa corne,
Blafarde, rouillée et morne,
La lune aux volcans muets ;

D'un frisson de sa crinière
Ce n'est pas le grand soleil
Secouant dès son réveil
La triomphante lumière ;

Ce n'est pas au fond des cieux
La nébuleuse incertaine,
Ni l'éclair brûlant la plaine :
— Non, tes yeux, ce sont tes yeux.

A Smyrne, ô divines choses,
On voit fleurir les rosiers
Sous les baisers des ramiers :
Non, ce n'est pas de ces roses.

A la porte d'Alcala
Les grenades entr'ouvertes
Ont des chairs suaves, certes :
Ce n'est pas de ces chairs-là.

Les lilas, les marjolaines
Dans le souffle des matins
Versent de bien doux parfums :
Ce n'est pas de ces haleines.

Dans les échos des buissons
On entend sonner les perles
Qui tombent du bec des merles :
Ce n'est pas de ces chansons.

Le grésil que l'aube touche
A des grains de diamants :
— Mais tes dents, ce sont tes dents ;
Mais ta bouche, c'est ta bouche :

Mais à ta gorge, ô Suzon,
Quand je mords à bouche pleine,
Ton haleine est ton haleine,
Ta chanson est ta chanson.

XIII

Sachant qu'il combat les derniers combats,
Le soleil s'obstine en vain tout là-bas :
      Il faut qu'il se rende
Et roule sanglant sous le flot vainqueur.
— La mer est bien grande, et pourtant mon cœur,
Mon cœur sait encore une amour plus grande.

Remontez bien vite, ô clairs rayons d'or,
Remontez bien vite, et chassant encor
      La nuit ténébreuse,
Des oiseaux du jour ramenez le chœur.
— La mer est bien creuse, et pourtant mon cœur,
Mon cœur sait encor une amour plus creuse.

C'est l'aurore ! A l'est, un joyeux éclair
Comme un coup d'épée entr'ouvre et fend l'air.
        Le soleil s'enraie :
Fuyez, nuit et spleen, hiboux et rancœur.
— La mer est bien gaie, et pourtant mon cœur,
Mon cœur sait encore une amour plus gaie.

Mais un grand nimbus tout noir, pesamment,
Déroulant ses plis dans le firmament
        Comme un drapeau d'ombre,
Fait croasser d'aise un corbeau moqueur.
— La mer est bien sombre, et pourtant mon cœur,
Mon cœur sait encore une amour plus sombre.

XIV

RENCONTRE.

J'AI rencontré ma mie
  Encor tout endormie
D'un somme dans le foin.
— Oiseaux, chantez plus loin.

Comme j'approchais d'elle
Je vis dans la venelle
Se retourner Colas.
— Oiseaux, chantez plus bas.

Un frisson me secoue :
Mon amie a la joue,
Comme Colas, en fleur.
— Siffle, merle siffleur.

Margot baisse la tête.
Colas, comme une bête
Rit devant mon air coi.
— Coucou, chante pour moi.

XV

MATIN.

J E ne dors plus
  Depuis une heure.
La cloche pleure :
C'est l'angélus.

L'ombre vacille
Dans le tilleul.
Je quitte seul
  La ville.

La lune luit
Sur la vallée
Qui n'est troublée
Par aucun bruit.

Ses lueurs douces
Azurant tout,
Tremblent au bout
 Des mousses.

Tout dort : l'oiseau
Le bec sous l'aile,
La demoiselle
Sur un roseau ;

Pas une haleine
Dans le grand bois,
Pas une voix
 En plaine ;

Seul, pour l'écho
Faisant la roue,
Un coq s'enroue :
Coquérico !

Comme l'austère
Paix des nuits nous
Emplit d'un doux
 Mystère !

A l'orient
Ma mie étoile
Montre sans voile
Son œil riant.

Blonde habitante
Du clair azur,
Que ton œil pur
  Me tente !

Tu mets en moi
Des Rêveries
Presque fleuries
Autant que toi.

Elles se rendent
Aux régions
D'où tes rayons
  Descendent ;

Puis à mon front,
Toutes fidèles,
Chacune d'elles
Revient en rond,

Et là, me jase
Des astres d'or,
L'œil ivre encor
  D'extase.

Mais des pas sourds
Frappent la pierre...
C'est la laitière
Aux sabots lourds.

Et je m'éveille
A son parler,
Pour contempler,
    Vermeille

Sur le coteau
Tout noir encore,
Là-bas, l'Aurore
Du jour nouveau,

Et voir vers elle
Mes songes bleus
Battre, frileux,
    De l'aile.

Les chers malins
Au doux plumage
Ont un ramage
De mots câlins.

Chacun demande
Avec fierté
Sa liberté
    Plus grande,

Et leur conseil
Fou me caresse :
« Viens dans l'ivresse
Du grand soleil. »

XVI

Va, fuis-les, ces soleils de nos bandes humaines,
Les Maîtres du pinceau, du vers, de l'ébauchoir.
Ou garde à toi, neveu qui près d'eux te promènes :
Ils te monteront haut, puis te laisseront choir.

Car aux faîtes sacrés qu'éclaire le prodige,
Leur demeure, à ces forts de l'âme et des poumons,
Ta pauvre tempe, à toi, sonnera le vertige,
Et tu retomberas en bas dans les limons.

Tu connaîtras alors la boue et les vermines,
Les vipères ceindront ton cœur d'anneaux visqueux,
Et tu criras dans l'ombre : « O Mort, toi quoi termines
Tout, j'ai vu les Élus, j'ai bu le même air qu'eux,

J'ai senti sous mes pieds les mêmes avalanches,
Le même aigle a battu de l'aile sur mon front,
Et je voulais les suivre, et dans mes veines blanches
La force défaillant, j'ai dû subir l'affront —

L'affront de redescendre avec l'immonde foule
Qui rumine aux sillons des bœufs lourds, pas à pas.
Viens donc et me délivre, ô Mort. » Mais marche, et roule
Ta besace, avorton, la Mort ne t'entend pas.

XVII

LA MUSE AUX BELLES RIMES.

I.

O Muse des rimes sonores,
    Ces mots colorés, je les veux,
Qui brillent sur tes blonds cheveux
Comme des poussières d'aurores.

Les ramiers au même duvet
Volant dans la même lumière,
Sont moins purs que sur ta crinière
Ces mots qu'un même azur revêt.

— Et le pauvre enfant t'a suivie,
Muse. Et dès que ton front tremblait,
Ces rimes, il les rassemblait.
Voilà le jeu qui fut sa vie.

2.

Chaque jour, sauf de courts répits,
Ils les cherche, les mots splendides,
Crossant comme choses sordides
Or, baisers, fleurs, vendange, épis.

Quand il en a les deux mains pleines
Il est plus fier qu'un empereur.
O Muse, quelle est sa terreur
Quand d'un regard fouillant les plaines,

Il retient son souffle et sa voix
En voyant la nuit descendue,
Qu'il est tout seul, qu'il t'a perdue,
Qu'en mains il n'a que des gravois.

XVIII

ELLE m'avait dit : « Prenez garde
De ne pas tant vous laisser voir
Puisque je vous verrai ce soir. »
J'avance, ou la lune retarde.

Mais je suis là déjà depuis
Quelque chose au moins comme une heure,
Et rien ne bouge en sa demeure,
Et le ciel est clair comme un puits.

Viens, lune. Ta silencieuse
Lueur filtrant sous ces rameaux
Doit marquer la fin de mes maux
En m'amenant une amoureuse.

La lune vint. Le peuplier
Alluma des bouquets de blanches ;
L'or des colzas en nappes blanches
Parut au loin se déplier

La petite n'est pas venue.
Peut-être eut-elle bien raison.
Une chandelle à la maison
Vaut mille étoiles sous la nue.

Pensant à l'heure qui s'en va
On tremble, on regrette en arrière.
Mais tout amour que l'on espère
Vaut mieux que celui que l'on a.

XIX

CHANSON RUSSE.

Au fond des sentiers j'abattais des bûches.
Mon aimée y vint pour vider les ruches.

En la rencontrant belle comme un ciel
C'est moi qui me mis à manger du miel :

Du miel enivrant à ses chères lèvres,
Et c'est elle alors, parmi les genièvres,

Elle qui m'a vu rouler à ses pieds
Ainsi qu'une bûche au fond des sentiers.

XX

CHÈRE, l'endroit que je préfère
 Pour mes baisers, ce n'est pas là,
  Ni là, lon la,
  Ni là, lon laire...
Mais la place qui me rend fou
(Abaisse un peu la tête à droite),
C'est là, dans la fossette étroite,
Tu sais bien, au milieu du cou.

Chère, l'endroit que je préfère
Pour nos dîners, ce n'est pas là,
  Ni là, lon la,
  Ni là, lon laire...
C'est ce nid d'herbe où nous allons
En passant à travers la haie.
La solitude en est si gaie
Avec le décor des vallons.

Chère, l'endroit que je préfère
Pour mes rimes, ce n'est pas là,
    Ni là, lon la,
    Ni là, lon laire...
C'est pendant la nuit que je veux
Quand tu t'endors, lasse et défaite,
Écrire un poème de fête
Riche et long comme tes cheveux.

Chère, l'endroit que je préfère
Pour t'aimer, c'est ici, c'est là,
    Ou là, lon la,
    Ou là, lon laire...
Mais c'est surtout près des remparts
La chambre isolée où les heures
S'en vont si vite que tu pleures
Tous les matins lorsque j'en pars.

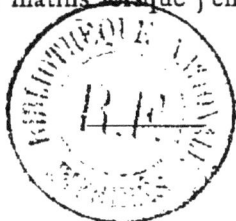

XXI

D ERRIÈRE ses cils musqués
        Embusqués,
Les rayons de sa prunelle,
Vrais frelons, ont pour métier
        De châtier
L'enfant qui s'approche d'elle.

Ils s'élancent sur le sot,
        A l'assaut
De son cœur et de sa tête,
Et le pauvre adolescent,
        Gémissant,
Devient jaune, veule, bête,

Et même aux chaleurs d'été,
        Hébété
Sous ce regard qui le cingle,
Tremble autant qu'un hanneton,
        Dirait-on,
Sous des piqûres d'épingle.

Pourquoi ? C'est qu'un autre enfant
      Triomphant
De ses grands airs de marquise,
Un beau soir la prit et la
      Planta-là,
En pleurs... Telle une banquise

Qui nage du pôle nord
      Jusqu'au bord
Des chauds courants du tropique,
Et que chaque rais vermeil
      De soleil
Fond en eau dès qu'il la pique...

Donc, vous autres, blonds neveux
      Dont les vœux
Tenteraient sans défaillance
D'amollir les durs rochers,
      Approchez,
Déployez votre vaillance.

Mais avant, un bon conseil :
      Au soleil
Vous ouvrant le haut du crâne
D'un bon coup de bistouri,
      Versez-y
Un panier de crottes d'âne.

XXII

MATIN CLAIR.

QUAND arrive cette heure grise
   Où, sans qu'on sache trop pourquoi,
L'amour raisonne, se dégrise,
Va droit au spleen et s'y tient coi,

C'est de remarque élémentaire
Qu'on vendrait sa peau pour trois sous,
Et qu'au lieu de veiller, sur terre,
On voudrait reposer, dessous,

Ma première amour emportée,
Je dis : « N, i, ni, c'est fini. »
Je vous l'ai déjà racontée
Cette amour-là. C'était Nini.

Pour moi comme pour tous les autres
Ce fut la même histoire : ainsi
Qu'un dévot dans ses patenôtres,
Je frappais sur mon cœur transi.

Je ne suis pas grand clerc en vices.
Mais on est homme. Et vitement,
Passant à d'autres exercices,
J'oubliai l'amour en raimant.

Et cependant que cela dure,
Tantôt sur les beaux nids de chair
Des filles, tantôt sur la dure,
Chacun gagne le matin clair

Où dans ses bras que l'on étire
On rêve de chastes amours.
(Et remarquez que ce martyre
Vous prend quand on est seul, toujours.)

On pense, et l'on bâille et l'on pleure :
Dire qu'en son lit virginal
Pelotonnée, elle attend l'heure
De son chocolat matinal,

L'honnête petite bourgeoise
Au cœur à peine épanoui,
Qui, franchement, me dirait « oui »,
Un « oui » frais, sentant la framboise,

Et dont je verrais, l'an qui vient,
La poitrine sainte et féconde
Abreuver sous la guimpe blonde
Un gosse, un bambino, mon mien !...

Il baigne au doux soleil oblique
Ses petits pieds nus, son corps rond,
En me criant, du blanc giron :
« Papa, vive la République !... »

Gazouillant des chants inconnus,
La mère, un peu lasse, chère âme,
Baise les beaux petits pieds nus...
— Comme je t'aimerai, ma femme.

CHOSES COURTES

Choses courtes.

———

A FRANÇOIS COPPÉE.

JEUNE et cher Maître, à toi qui si bien nous décris
   La joie et les chagrins des humbles de Paris ;
Dans les couleurs et dans les bruits du jour qui baisse
Aux faubourgs, toi qui vois la manœuvre qu'affaisse
La fatigue du corps et le vide du cœur ;
Toi qui vois, quand pénètre, incisif et moqueur,
Un cri de moineau franc sous leurs mansardes froides,
Le tremblement qui passe aux vieilles filles roides ;
Toi qui vois, au boudoir ignorant les hivers,
L'âme des grands lys blancs flotter : à toi ces vers.
A vivre dans ton œuvre ayant mis ma journée,
Ma rêverie un soir s'y croyait retournée,

Comme j'allais dans la campagne et dans les bois,
Au pas de mon cheval, me berçant à la voix
Qui chuchotte dans l'arbre et rit dans les fontaines,
M'abandonnant surtout à ces voix plus lointaines
Dont l'éther palpitait, suaves entretiens
Qui me semblaient le plus fidèle écho des tiens,
Voix m'imprégnant d'amour attendri jusqu'aux moëlles,
Voix des rayons d'azur et d'or, Voix des étoiles.

LA VACHE A LA MÈRE LORIOT.

L E matin du marché, sur la place du Cloître,
  S'étant dit que son lait commençait à décroître
Tous les jours davantage, et l'entendant tousser,
Et lui voyant le dos maigrir et se vousser,
La mère Loriot conduit sa vieille vache.
« Vingt pistoles. — Vingt-cinq. » Le boucher la détache
Et l'emmène en disant : « J'y perds, mais topez-là. »
La bonne femme prit son or et s'en alla.
Mais je la vis, après avoir quitté la bête,
Pour cacher deux gros pleurs baisser sa vieille tête.

LE FORGERON.

J'ADORE votre race, ô travailleurs du fer.
Le forgeron surtout ! Devant le feu d'enfer
Qui pétille au vent rauque arrivant par la douille,
Il se tient droit jusqu'au moment où sous la houille
Il prend son lopin rouge et l'amenant à l'air
A travers la fumée âcre jette un éclair.
Le marteau retentit sur l'enclume sonore.
Le cheval, qu'à la porte on ferre, y joint encore
Ses hennissements vifs, et c'est dans l'atelier
Comme un bruit de bataille. — Un timide écolier
Passant par là, s'arrête au détour de la rue,
Et, contemplant dans l'ombre un tranchant de charrue
Qui luit comme un couteau près du mur de béton,
Rêve d'Harmodius et d'Aristogiton.

A SEIZE ANS.

Ses seins étaient aigus et délicats encore,
Comme en haut d'un palmier ces bourgeons près d'éclore,
Lisses, durs et fermés. Mais qu'arrive, vainqueur,
Le soleil dans les cieux ou l'amour dans le cœur,
Vous verrez quel soudain triomphe. Tout éclate !
Le sang roule à torrents sa fanfare écarlate
Au sein des vierges, et la sève, au jeu subtil,
Fait jaillir la forêt des verts bourgeons d'avril :
La forêt tout entière avec toutes ses flores,
La grand'forêt avec les silences sonores,
Les souffles innommés, les parfums infinis,
Des palmes dans l'azur, des duvets dans les nids.

LE FOU DU VILLAGE.

T R A LA LA. » C'est le fou du village qui danse.
Tous les enfants bientôt le suivent en cadence,
Et vont, battant des mains et cognant du sabot.
Le menuisier finit de pousser son rabot ;
Le maréchal-ferrant laisse tomber à terre
Le pied de son cheval ; et de son presbytère
Le vieux curé s'approche et vient voir Cornuau,
Qui danse et rit toujours. Chaque enfant crie : « Huhau ! »
Il danse et rit plus fort. Les gros dindons se poussent
Pour lui faire la roue, et tous les poulets gloussent,
Quittant la mère poule et courant après lui.
« Huhau ! le fou, huhau ! » Mais il a déjà fui.
On fait alors silence en la foule accourue,
Et tout en le plaignant chacun quitte la rue.
— J'en sais un, bonnes gens, sous son dehors moqueur,
Ce fou que vous plaignez, qui l'envie en son cœur.

LA PETITE FILLE DU GARDE.

Poussé par un désir d'avril, quand vint le soir
    J'entrai dans le taillis. Comme un grand encensoir
L'âme des sapins verts dans les frissons des palmes
Vibrait, en exhalant ses mille parfums calmes
A travers un ciel vaste, où les étoiles d'or
Tenaient leurs yeux dans l'ombre ensevelis encor.
Je m'approchai de ses fenêtres entr'ouvertes.
L'enfant dormait paisible et confiante. Ah ! certes,
D'un gai sommeil, enfant, ton cœur dormait trop bien
Pour avoir entendu dehors battre le mien.
Et pourtant, tout à coup, aux cieux profonds, un astre
Luisant, je vis passer sous l'innocent désastre
De tes cheveux défaits des rougeurs à ton front.
Pleurant alors d'avoir mis lâchement l'affront
D'un regard misérable à ton sommeil sans voiles,
J'allai dans les rochers me cacher des étoiles.

UN RÉACTIONNAIRE

1868.

L E père, en février quarante-huit, a pris
Son fusil et son rang avec ceux de Paris.
Il eut presque l'honneur de l'exil en décembre.
Mais l'âge vint, qui fait hésiter, et démembre
Les mieux musclés devant les crimes triomphants...
Puis il faut bien se taire avec ces cinq enfants
Dont l'appétit n'est pas aux discours politiques...
On travaille. On s'endort dans des oublis sceptiques.
On sommeille. Et bientôt, c'est fatal et banal,
On trouve ce proscrit qui pleure, — original!
Bref, on devient un bon bourgeois. Mais ils y tiennent,
Eux, les fils, à la haine intacte. Ils se souviennent
Des jours de leur enfance où le père, vaincu,
Leur disait que sans eux il n'eût pas survécu
Aux hontes du pays sous les larves du Corse...
Et leur âme s'exalte, et leur cœur avec force

Montant au grand Proscrit qui leur dit que viendront
— Quand même — les jours saints où les vaincus vaincront,
Ils lui répondent tous : Vive la République !
Le père, d'un regard qu'il voudrait rendre oblique,
Les arrête, et leur tient des discours très prudents.
Mais il est obligé de rire entre ses dents,
Comme fait un vieux loup qui sent ses os se tordre
Mais qui s'anime encore à voir ses petits mordre.

LA CHAISE LONGUE.

SUR une chaise longue aux étroits capitons
De velours bleu, près d'un chiffonnier à boutons
D'or piqués sur thuya, la nouvelle épousée
Sommeille. C'est le soir. On sent par la croisée
Entr'ouverte, et malgré l'épais double rideau
Soigneusement tendu, la fraîcheur des jets d'eau,
Dont la chute argentine augmente au crépuscule,
Monter avec l'odeur finement acidule
Des menthes entourant la vasque des bassins.
Elle dort. Et ses bras ramenés sur les seins
Suivent les mouvements de l'haleine paisible.
L'époux contemple avec une joie indicible
Celle par qui l'amour s'éternise en son cœur ;
Et la voyant si pure il sent une rancœur
Et des hontes le prendre, aussitôt effacées,
A quelque souvenir de ses amours passées.

LES VENDANGES DU POÈTE

Et le poète aussi vendangera sa vigne.
Il pressera son cœur, et la vendange insigne
En jaillira, qui donne aux amants apaisés
Une nouvelle ardeur pour de nouveaux baisers.
Chant du poète, ô vin des cœurs ! Limpide et rose,
Roule pour l'adorée à la lèvre mi-close
Qui sommeille en sa joie et sa paix, le matin,
Roule, limpide et rose, en madrigal câlin ;
Pour que vous renaissiez au sein des tyrannies,
Justice et Liberté traîtreusement bannies,
Roule, chant du poète, en quelque hymne vivant
Où la mitraille parle au tocsin dans le vent ;
Mais surtout roule, ô vin des cœurs, à pleine veine,
Aux jours sacrés de la vengeance et de la haine.

DANS LES BLÉS DE CHEZ NOUS

J'ENTENDS dire : banal comme les champs de Brie.
Et moi qui t'aime tant, ô mon pays ! Mûrie,
Ta grande plaine est comme un océan d'or roux.
Un souffle qui s'élève y mêle mille trous
En une vague d'ombre au loin continuée,
Qui va, muette ainsi qu'une ombre de nuée,
Rouler et s'aplanir dans un frisson vermeil
Contre un haut peuplier immobile au soleil.
On croirait respirer de la chaux. Midi pèse
Sur tout. Brûle, ô Soleil ! déjà ton jour s'apaise ;
Déjà la nuit, d'en bas, porte aux faites pourprés
Les parfums tout à l'heure assoupis dans les prés ;
Déjà près de la mare aux épines-vinettes
La brume se déroule au plain-chant des rainettes,

Monotone, et si doux! pendant que les grillons
Lancent leurs derniers cris vers les derniers rayons.
Mais toujours, même au soir, l'endroit que je préfère,
O mon pays, c'est tes grands blés. Sur l'atmosphère
On sent comme peser de moment en moment
Des nappes de chaleur tombant du firmament,
Comme si l'on ouvrait, là-haut, quelque fournaise.
La nuit gagne, aux coteaux ; et l'incendie en braise
Au bas du ciel de l'ouest s'évapore, et les blés
Sont d'un dernier roulis dans leur calme troublés.
Épaississez votre ombre, ah ! que la nuit s'enferme
Profonde en vous, grands blés. C'est l'heure où de la ferme
Jean-Pierre et la Margot, leurs sabots à la main,
Sortent furtivement, suivent le vert chemin
Sous les noyers, et vont, épaule contre épaule,
Répéter l'éternel duo, jouer leur rôle
D'amoureux de seize ans, et parmi les bluets
Librement s'essayer à ces baisers muets
Qui, rustiques et sains comme le blé qui bouge,
Plus que des bigarreaux leur font la lèvre rouge.
Et moi je pense : Enfants vigoureux de chez nous,
O compagnons! ayez des fils plein vos genoux;
Élevez-les trempés jusqu'aux os dans l'air libre
Et la sève salubre, et qu'au rappel qui vibre
Ils sachent accourir sous ton drapeau meurtri,
O mon pays! sans peur, sans regrets, sans un cri;
Calmes, avec l'œil froid des paysans stoïques,
Des poumons pour remplir les clairons héroïques,
Et des cols de taureaux et des poignets d'airain ;

Et gais, avec le rire éclatant et serein
Que vous avez quand l'août de ses rayons vous fouaille
Et que vous allez, droits, comme il faudra qu'on aille
A cette autre moisson, étant venus les temps
Qu'on jettera la faux pour les tambours battants.

MÉLANGES

Mélanges.

LES FILEUSES BRETONNES

A ANDRÉ THEURIET

I.

Les jeunes Filles.

L E fin chanvre que nous avons !
Et les fins rouets ! si fragiles.
Heureusement que nous savons
Ne prendre de nos doigts agiles
Pas plus de chanvre à nos fuseaux
Que n'en prendraient des becs d'oiseaux.

C'est que le fil qu'on nous demande
Solide comme un fil d'archal,
Des chefs-d'œuvre d'une allemande
Nous désirons qu'il soit l'égal,
— De ces chefs-d'œuvre pour les reines
Qu'elle brode avec des mitaines.

Oui, s'il doit être plus que fort
Ce fil dont on fera des voiles,
Nous voulons que rentrant au port
Par les beaux soirs emplis d'étoiles
Il apparaisse, au gré de l'air,
Flottant comme une aile et plus clair...

Aile des grands cygnes sauvages
Qu'on voit, en triangle vivant,
Venir des plus lointains rivages
Contre la marée et le vent
Sans mettre à leur blanche envergure
Pas même une ombre de souillure.

Roule, enroule donc, mon rouet,
Du fil à voile pour la barque
Où mon fiancé se tient droit :
Celui que ma mère remarque
Au silence que nous gardons,
Lui près de moi, dans les pardons.

2.

Les Femmes.

Des voiles ! Des amours ! Des ailes !
Quel nain de Coat-Lorh vous troubla ?
C'est des mots pour les demoiselles
De la ville, ces grands mots-là ?

Que le soir ait plus d'une étoile :
Il ne m'en chaut guère, pardi !
Je ne m'occupe que de toile.
Le tisserand passe mardi.

Nos tâches lui seront remises :
Du bon fil fort qu'il nous rendra,
Dans huit jours, en toile à chemises
Aussi solide que du drap.

Filles, les chemises des hommes,
C'est ça qui s'use vitement!
Et qu'il en faudrait pour des sommes
Si nous les payions en argent.

— Mais c'est avec mon beau courage,
Avec tout mon temps que je dois
Passer l'œil fixe à mon ouvrage
Jusqu'à m'user le bout des doigts,

Enfin c'est avec ta filasse,
O ma bobine! c'est avec
Mon rouet qui grince par place
Dans ses vieux joints de buis trop sec,

C'est avec tout ça que j'empêche
Les tempêtes, quand ils y vont,
De me tuer pendant la pêche
Mon homme Jean, mon gars Yvon.

Car, pour les pêcheurs et les mousses
Par l'épais brouillard déroutés
Dans la barque aux rudes secousses.
Rien, ô filles qui m'écoutez,

Rien ne vaut la solide trame
De ces chemises, vrai treillis
Résistant plus au vent qui brame
Que les toitures du pays.

Puis, en barque au loin, votre frère
Mon gars Yvon, las sur un banc,
Remêle aux baisers de sa mère
La bonne odeur du linge blanc...

Mais voici le moment qu'évite
La paresse. Taillez le pain,
Courez au puits, au bois, et vite
M'allumez un feu de sapin.

Ce qui le sauve quand il rentre,
Le pêcheur sous ses lourds fardeaux,
C'est une soupe chaude au ventre,
Une chemise sèche au dos.

3.

Les vieilles Filles.

Si tout le chanvre est pris pour les voiles à barque,
Si tout le lin fin on le marque
Pour les chemises des pêcheurs, l'aïeul qui s'arque

Le buste comme un chien pelé
Au soleil et qui reste encore plus gelé
Qu'un roseau d'hiver dans l'Ellé,

L'aïeul qui tremble et geint, aveugle et sourd, quand, pâle,
Il crachera son dernier râle,
Quand vous clouerez sa bière et sa croix sépulcrale,

Enfin, quand il ira, l'aïeul,
Dormir le vrai sommeil, le sans réveil, le seul,
En quoi fera-t-on son linceul?

Ah ! jeunes filles, vous qui fournissez de toiles
    Vos promis, de toiles à voiles,
Sans draps dans les tombeaux on a froid jusqu'aux moëlles.

    Et vous, femmes de nos marins,
Filez, cousez-leur des chemises, les embruns
    Tannent quand même leurs cols bruns ;

Et vous avez beau faire, avant l'âge, leurs membres
    Par les remous et les décembres
Noués et déjetés, les garderont aux chambres,

    A moins, filles, femmes, à moins
Que tous vos beaux cadets, les robustes Malouins,
    Ne deviennent chair à marsouins,

Après avoir jeté dans l'horrible fanfare
    De l'ouragan qui les effare
Leur dernier cri d'angoisse en implorant le phare :

    Car alors, sur les sables sourds,
C'est la mer océane avec ses grands flots lourds
    Qui les recouvre pour toujours.

De la côte bretonne éloignez les tempêtes,
    Seigneur, et la mort de nos têtes...
— Mais qu'est-ce ? allez-vous pas pleurer, petites bêtes ?

C'est pour rire que nous disons
Des tristesses. Ça rend mieux closes nos maisons
Et plus vifs nos feux de tisons,

De penser qu'au dehors, à cette heure, peut-être,
Un ciel de soufre et de salpêtre
Aide à tendre la folle où le poisson s'empêtre.

Travaillez donc, filez, suez.
Voici que les pêcheurs rentrent, exténués,
Fronts bas et chapeaux bossués.

— La pêche a dû manquer. Gare qu'on leur déplaise !
Ou ce soir plus d'une aura l'aise
D'être chauffée aux reins par un fouet de Falaise.

— Pour nous qui filons sans savoir
Pour qui, tout fil filé qu'on le jette au lavoir :
Des ingrats n'auraient qu'à l'avoir.

4.

Les Grand'Mères.

Or çà, que diable ont-elles donc
Nos chères sœurs, les vieilles filles,
Que l'on dirait sur leurs béquilles
Des sauterelles sur un jonc?

Elles ne sont rien moins que gaies,
La Marianne, tes chansons.
Mais pour ta grâce nous pensons
A ton âge, et que tu bégaies.

C'est qu'il faut qu'on rie! Assez tôt
On devient comme vous des vieilles
N'ouvrant leurs noirs becs de corneilles
Que pour grincer comme un étau.

Ah bien! moi, lorsque je desserre
Ma bouche aux défunts appétits,
C'est toujours pour rendre aux petits
L'ancien ton du rire sincère,

De ce franc rire qui partait
Et filait vif comme une aronde :
A plus d'une lieue à la ronde
Toute douleur s'en écartait.

Vous autres, là-bas, la jeunesse,
Travaillez donc, mais qu'il vous soit
Bien connu que vous avez droit
A chanter plus que la paresse.

Chantez donc! dites-nous encor
Les refrains du pays, ses fêtes,
Et les rencontres que vous faites
Au soir, dans la lande aux fleurs d'or.

Voyez-les rien qu'à cette idée
Pencher à terre leur fuseau
Ft tendre leur malin museau.
— La noce est-elle décidée?

Bon! Les grands-pères y boiront
Le cidre clair de cette année,
Et l'on verra leur peau tannée
S'allumer encore à leur front,

Pendant qu'avec quelque autre vieille
Nous surveillerons d'un peu loin
Les amoureux, et prendrons soin
D'un nouveau-né qui se réveille.

5.

Les Enfants.

Nous qui n'avons ni bobines,
Ni rouets, chanvre ni lin,
Allons-nous-en, les gamines,
        Par la main,

Cueillir autour de nos gaules
Ces fils que jette à nos yeux
La Vierge, de ses épaules
        Dans les cieux.

On dirait des gazes blanches
Sur les herbes, et ce n'est
Que flocons d'étoupe aux branches
        Du genêt.

J'en ai déjà plein ! Qui m'aide ?
J'en veux faire un doux abri
Pour y nicher bien au tiède
    Un cricri.

LA PETITE EST PARTIE

LA petite est partie. Et ma chambre est pourtant
    Bien close, et les volets fermés, et l'on entend
De mon alcôve au ciel déteint où la veilleuse
Met l'assoupissement de son aube laiteuse
Qu'agite un peu le vol des rêves, jour pâli,
Lueur diffuse autour du globe dépoli
Que ne marque pas même au centre un point bleuâtre,
Et du fond de l'alcôve où je pleure, dans l'âtre
On entend pétiller la bûche de Noël.
Ah! l'atmosphère est tiède, et j'ai brûlé du sel
De Smyrne avec trois grains d'encens de caravane;
J'ai fumé le plus pur tabac de la Havane;
J'ai débouché sur les tablettes à côté,
Les flacons où l'enfant avivait sa beauté;
Et malgré tout, sur mon oreiller, à la place
Où je nichais son front, dans ce coin que j'embrasse,

Malgré ma pipe et les parfums, malgré l'encens,
C'est toujours ses cheveux, c'est sa chair que je sens ;
C'est toujours la liqueur bue entre ses gencives ;
C'est lorsque je restais de ces heures pensives
A veiller son sommeil après nos chers combats,
C'est son souffle toujours qui glisse sur mon bras,
Sur ma main de son col ramenée à sa gorge :
Et ce souffle aujourd'hui comme un souffle de forge
Me brûle, ô souvenir ! quand il était si doux.
Et je pleure, et non pas comme ces heureux fous
De poètes, des pleurs frais, rhythmés, littéraires :
Mais des pleurs pour de bon, de ces larmes amères
Qui creusent dans la joue et rougissent le nez.
L'aventure est d'ailleurs si commune ! Tenez,
Toute pelotonnée au fond de la ruelle,
La petite était là. « La vie est bien cruelle,
Dit-elle en soupirant. Je te l'avais prédit
Que nous allions trop vite et tûrions le crédit.
Trois termes en retard ! Cent francs à la crémière !
Et ma modiste ! Tiens, tu sais bien, la première
Fois que tu m'as parlé, le chapeau que j'avais,
Avec des lilas blancs, et ma cuirasse en jais,
Ça venait de chez elle. » Et l'enfant apaisée
Songeant aux jours de fête, à la toilette usée,
Oubliait tout à fait la dèche d'aujourd'hui,
— Ou feignait d'oublier plutôt, puisqu'elle a fui
Ce jour-là même, oiseau quêtant ailleurs la graine
Et le mouron. — D'abord j'analysai ma peine,
Je descendis au fond et me trouvai nigaud

De m'être ainsi laissé prendre à cette Margot.
« Suis-je bête! Pourquoi demander autre chose
A ces amours d'avril, après un baiser rose
Du bout des lèvres, qu'un adieu, du bout des doigts?
Retourne à tes scalpels, mon garçon. Tu te dois
A des réalités, et c'est n'être pas sage
Que de vouloir ferrer la chimère au passage.
Regarde tes amis, vois si jamais l'un d'eux
Cherche d'autres amours que ceux d'un mois ou deux? »
O conversations de bourgeois en pantoufles,
Me satisfaites-vous peu ce soir! Vent qui souffles
Dehors, triste et cinglant ton givre à mes carreaux,
D'où vient qu'en t'écoutant je rêve aux bigarreaux
Que mes baisers croyaient mordre en mordant ses lèvres?
A quoi bon me tromper moi-même? Si mes fièvres
Redoublent cette nuit, j'en sais trop la raison.
C'est que je pense à toi, mignonne, à ma maison
Bien tiède, à mes volets clos, et que voici l'heure
Où près du clair foyer qu'en tombant elle effleure
Je dégrafe ta robe à genoux à tes pieds,
Me redressant souvent vers tes yeux épiés
Par mon désir, tes yeux où luit, meurt, luit encore
Un feu rapide ainsi que des traits de phosphore.
J'arrachais les cordons de tes jupes, d'un tour
De main, et dans cette ombre où tu faisais du jour
Tu m'apparaissais, droite en ton corset-cuirasse,
Et bientôt, humant l'air comme un cheval de race,
Je t'emportais, déjà pâmée, au creux du lit...
Souviens-toi! souviens-toi! mignonne. Enseveli

La face entre tes seins j'écoutais ton cœur battre
Et notais sa chanson, me retenant à quatre
Par moments pour ne pas mordre à même ta chair...
Souviens-toi de nos jeux, ô mon délice cher,
A qui parcourrait l'autre, et sans reprendre haleine,
Avec ces vifs baisers, frôlements de phalène
Sur des brins d'herbe. Moi, si je n'avais pas soin
D'éviter à ce jeu, tu sais? le petit coin
Derrière ton oreille où ta nuque est si blanche,
J'étais certain de perdre et partie et revanche,
M'attardant toujours là, sur le charmant lacis
Des capillaires bleus, comme l'eau d'un glacis
Voile sous son murmure un fin réseau de mousses,
Sous le doux clapotis de baisers sans secousses
A vouloir effacer tes veines... Souviens-toi,
Mignonne, souviens-toi, quand l'ardoise du toit
Vibrait plus qu'un tambour de basque, sous la grêle,
Souviens-toi comme tu te pendais pâle et frêle
A mon cou, dans mes bras, frissonnante sous mes
Caresses, dans ces bras qu'à présent tu soumets
Par ton départ, méchante, à la douleur stupide
De vains élans vers toi dans l'ombre, dans le vide.

BALLADE POUR LE PENDU

Toutes choses par lui fouillées
        A l'espoir du néant indou
Et parmi les forêts mouillées
L'ont ramené je ne sais d'où.
Un soir, d'un cordon de padou
Il s'accroche aux fleurs de liane,
Et comme un point noir au ciel d'août
Un vieux choucas croasse et plane.

Au milieu des herbes souillées
Les arbres que tord un vent fou
Font de leurs ombres embrouillées
Un caillot d'encre, noir et mou.
Mais l'ombre du pendu partout
S'isole, un rayon diaphane
De la lune montrant qu'au bout
Un vieux choucas croasse et plane.

Malgré ses jointures rouillées
Le pendu valse du genou
Sous les ramures dépouillées.
Sa chair en lambeaux d'amadou
S'effiloque à l'abri du loup,
Sa mâchoire bâille et ricane
Avec des dents longues d'un clou.
Un vieux choucas croasse et plane.

ENVOI.

Fillette qui serres au cou
Le petit bâtard qui te fane,
Couvre-le de terre beaucoup :
Un vieux choucas croasse et plane.

LA MESSE DES MORTES

LA fin de vos amours, comme je vous l'envie,
Poètes qui pouvez leur dire à vos autels
Une messe des morts par la foule suivie.

Les rameaux de buis vert sous le vieux portail, tels
Qu'ils frissonnaient hier au vent de la colline
Frissonnent ce matin sous vos chants immortels.

L'enfant de chœur y mêle une voix cristalline.
Tous les vieux vitraux peints allument leur trésor
Aux flamboyants rayons que le soleil incline.

L'un d'eux, où Christ s'élève au milieu d'un ciel d'or,
Dans la pourpre du jour prend les tons du Calvaire,
Si bien que, triomphant, Jésus y saigne encor.

Et l'image, distincte aux losanges du verre,
N'est qu'un caillot sanglant sur les dalles du sol
Où sont gravés les noms des aïeux qu'on révère.

Au dehors, c'est le jour radieux, c'est le vol
D'équerre, en plein azur, des cygnes de passage ;
C'est dans le cimetière environnant le fol

Et peu respectueux sifflet d'un merle sage
Qui lit un grand chagrin sur la tombe attesté
Et resiffle plus fort en lustrant son corsage ;

Pendant qu'un moineau franc, bohême déhonté,
Sautillant sur tous les tombeaux les plus superbes
Hoche la queue au nez des morts de qualité,

Et pour se préparer au pillage des gerbes
Qu'on va faucher bientôt pique à bec que veux-tu
La perle de rosée enfilée aux brins d'herbes ;

Donnant la joie intime au vieux clocher pointu
Donnée aux mères grand' par l'enfance auprès d'elles,
C'est le vieux toit tortu tout entier revêtu

Du ramage ineffable et de ces frissons d'ailes
Vibrant comme un fil noir dans un coup de soleil
Que font en s'assemblant les jeunes hirondelles ;

C'est le printemps ! c'est la gaîté ! c'est le réveil
Des bourgeons aux rameaux et des fleurs parfumées
Saillant hors du bourgeon dans le matin vermeil !

Mais que vous font, à vous, les chansons des ramées,
Poètes qui pleurez votre amour ? que vous font
Même les roses, ces rougeurs d'aube tramées ?

Au dedans de l'église un silence profond
Plane engourdi dans l'ombre opaque des chapelles ;
L'air est si lourd qu'il pèse au front comme un plafond.

Qu'y a-t-il aujourd'hui pour que tu nous appelles
Si longuement, ô cloche, et si funèbrement ?
Fossoyeur, pourquoi donc tes pioches et tes pelles ?

Quel est ce nouveau moine à l'œil cave et dormant
De somnambule ? Il monte en chaire. Et le cilice
Qu'il rejette à ses pieds d'un brusque mouvement

Nous montre un cœur ouvert en bouche de calice
Et qui, tout secoué par les douleurs, bientôt
Pleure, pleure du sang jusqu'à ce qu'il pâlisse.

Sur la foule à genoux erre un vague sanglot :
Tel, du loin de la mer à la surface étale,
Au souffle avant-coureur des orages un flot

Moutonne à l'horizon, enfle, roule, s'étale,
Et meurt dans une ride alentour d'un galet :
Tel, au-dessus des fronts courbés dans chaque stalle,

Ce prélude de l'orgue, avant le jeu complet,
Monte, enfle, roule et meurt en agitant à peine
A la veilleuse haute un rayon violet.

Vers la stagnante nuit de la voûte, phalène
Aux décombres couvée, une chauve-souris
S'échappe, et l'on prendrait pour la visible haleine

D'un de ces cauchemars engendrés et nourris
Dans les entêtements comateux de la fièvre
Le vent mou de son vol sous les combles pourris.

Puis, tout se tait. Alors le poète, la lèvre
Moite encore de baisers, dit comme l'heure est loin
Des baisers savoureux, et qu'il faut qu'il s'en sèvre.

Il dit la litanie où sa mémoire eut soin
D'enchatonner les si doux noms des amoureuses
En rimes sonnant l'or et fleurant le benjoin.

Il dit sous les vieux toits d'autrefois les nombreuses
Folles qui lui montraient, plus fières qu'un baron
Montrant les vifs chevreuils de ses forêts ombreuses,

Deux blancs ramiers dans leur corset faisant ronron,
Si blancs ! qu'il eût voulu les mordre avec ivresse,
Fruits de neige qu'éclaire un bouton de mûron.

Il dit l'ombre indécise où la longue caresse
De ses baisers laissait à peine apercevoir
Un point du corps divin des Reines de paresse

Qui daignaient pour lui seul, au fond de leur boudoir,
Pour rehausser encor leur blancheur sculpturale
Arranger dans l'alcôve un catafalque noir.

Il dit ses désespoirs. Saignant plus fort, il râle,
Blasphème, exulte, exècre, ou bénit de baisers,
Et finit par montrer la vision spectrale

Des ses amours défunts dans leurs cercueils brisés,
Quand son cœur se vidant de sa dernière goutte,
Il tombe enfin, et meurt, âme et corps épuisés.

La foule alors tendant l'oreille approche, écoute,
S'assure que ce cœur pâle est bien arrêté,
Et s'éloigne, honteuse un moment de son doute,

Pour reprendre au grand air sa joie et sa fierté,
S'enfuir dans les grands bois au feuillage propice,
Et par couples d'amour s'aimer en liberté.

Car les chants du poète et son mortel supplice,
Chez tous, ont ranimé les immortels désirs
D'arômes, de rayons, d'ombre où l'amour fleurisse ;

Et cependant qu'aux bois les baisers, les soupirs
Emmêlent dans leur rage adorable les bouches,
Le mort, là-bas, momie aux royaux élixirs,

Se goudronne sans frais sous les chiures de mouches.

LES PROPHÉTESSES

.

C OMME autour de Macbeth, au milieu des bruyères,
  Elles tournaient, chantant : « Tu seras roi, crois-nous »,
Parfois près d'un berceau les immondes sorcières
Viennent faire une ronde et se mettre à genoux.

Chacune à l'enfant parle en un baiser obscène.
Est-ce comme à Macbeth : « Enfant, tu seras roi » ?
Mais la mère endormie auprès de cette scène
Se réveille en sursaut prise d'un vague effroi.

Quel rêve as-tu rêvé pour que ton front se penche
Et s'échevelle ainsi sur les tièdes coussins ?
Quelle peur te vient donc pour qu'en larmes s'épanche
Tout ton cœur sur l'enfant que tu mets à tes seins ?

La veilleuse était pâle en ton alcôve sombre
Ainsi qu'un ver luisant sous l'herbe des tombeaux ?
Les sorcières d'ailleurs, ombres qui n'ont point d'ombre,
Ne se marquent pas même aux blancheurs des rideaux :

Mère, tu n'as rien vu. Leur voix est une haleine,
Et l'enfant seul connaît tout ce qu'elles ont dit :
Tu n'as pu rien entendre. Et pourtant, toute pleine
Du danger de ton fils, tu sens qu'il est maudit.

Mère, dans l'avenir ils ont vu clair, tes rêves.
Tu pleureras autant, ô mère, qu'ils l'ont su.
Ouvre ton cœur et l'offre aux douleurs : les sept glaives
Se dirigent vers lui du jour qu'il a conçu.

Tu le verras, ce fils en qui tu mets ta joie,
Grandir, débile et hâve, et même au plein soleil
N'aller qu'en s'aheurtant comme un aveugle, en proie
Toujours aux visions de son dernier sommeil.

Près des lions, sur les venins, sous les huées,
Il ira, pacifique et fort de ses vingt ans.
Mais dans la profondeur des cieux, que des nuées
Lui cachent une étoile, il tremblera longtemps.

Au lit d'Impéria, la courtisane aimée,
Dans la plus fraîche aurore en perles dans les airs,
Il gardera la fleur de son âme fermée,
Sa bouche souffrira la soif des grands déserts.

Vivant loin des marais fétides où nous sommes,
Il laissera sa chair en pâture aux corbeaux,
Mais une âme encor blanche aux hommes. Et les hommes
En jouiront... le temps de la mettre en lambeaux !

De la mettre en lambeaux qu'ensuite sur la joue
Il lui rejetteront dans un dernier soufflet
Après que sous leurs doigts noirs de crasse et de boue
Elle aura tout perdu, ses parfums, son duvet.

Oui, pauvre mère, oui, telle est la destinée
Par les trois vieilles sœurs promise à ton enfant,
Quand chacune lui dit dans cette nuit damnée :
« Salut ! toi qui seras poète triomphant ».

LE MODÈLE

Au milieu des marbres énormes
Attendant, sous leurs angles nus,
Qu'on les taille aux divines formes
Des Apollons et des Vénus ;

Au milieu d'un amas baroque
D'étoffes et de bibelots,
Où, près de l'horrible défroque
D'un paillasse en blouse à grelots,

Comme pour montrer la manie
Des contrastes, on a jeté
Un tapis de Karamanie
A Kanieh même acheté ;

Dans cet ovale de lumière
Qui, par l'œil de bœuf du plafond,
Tombe avec ces rais de poussière
Que les lieux les plus calmes font ;

La jeune fille se tient droite.
En face d'elle, au bloc dressé,
L'artiste fouille de sa droite
Ce sujet longtemps caressé :

« Sainte-Thérèse l'extatique ».
— Le modèle retient son vent,
Gardant sa pose hiératique
Comme au vitrail d'un vieux couvent.

Ses longues mains maigres sont jointes
Et se dirigent vers le sol
Que ses pieds ne touchent qu'aux pointes,
Prêts qu'ils sont à prendre leur vol.

Dans ses yeux que son cœur exhorte
A monter au ciel avec lui
Vers la triomphale cohorte,
L'éternel jour a déjà lui.

L'attente écarte un peu sa lèvre.
— Et cependant que le sculpteur
Frappe sa pierre, et qu'en sa fièvre,
D'un long regard contemplateur

Il voit, alors qu'il se repose,
Ses grands jours de gloire levés,
Et son marbre en l'apothéose
Des chefs-d'œuvre parachevés :

La pauvre fille, son modèle,
Rêve que le voyou qui la
Fouaille et qu'elle adore, las d'elle,
Pour une autre la plante-là.

Et bien que ce rêve lui pèse
Comme un poids d'airain sur le cœur,
Elle reste Sainte-Thérèse
Noyée en un céleste chœur,

Et, serrant sur son sein mystique
Ses bras pour retenir son vent,
Garde sa pose hiératique
Comme au vitrail d'un vieux couvent.

SOLEIL COUCHANT

I L tombe. Et l'ennemi déjà dans sa fanfare
Sonne aux quatre horizons qu'il est enfin vaincu,
Quand il rentre, au galop d'un cheval qui s'effare,
Mourant, mais plus terrible encor qu'il n'a vécu.

Et plus beau que jamais il les force de boire
Son sang, son beau sang rouge et chaud qu'il verse à flots,
Eclaboussant ainsi de sa suprême gloire
Ceux-là même accroupis qui hurlent des sanglots.

Meurs donc, ô grand Soleil! Tu peux mourir. Va. Lave
Et repose ton corps dans la mer, par là-bas.
Ce nuage empourpré qui te suit en esclave
Témoignera longtemps de tes derniers combats,

BALLADE

pour

DES VIEILLES QUI FONT LA LESSIVE

Au ciel de vague poésie
Ma rime longtemps s'envola,
Mais ce matin, ma fantaisie
Qui la suivait la rappela
Vers l'humble nid, et lui parla,
Pour lui montrer sur une rive
Du ruisseau, qui s'enfuit par là,
Des vieilles qui font la lessive.

C'est dans un coin où la Voulzie
Murmure son clair tralala,
La place qu'elles ont choisie
Pour dresser leur lavoir, à la

Base d'un roc qui dévala
Du talus. Un passant arrive
Cherchant en vain qui le héla
Des vieilles qui font la lessive.

Il est si gai ce coin! Moisie,
La planche un jour dégringola
Du lavoir qu'avec frénésie
Les vieilles cognent. Mais cela
N'amena rien qu'un grand « holà! »
Et presque aussitôt, plus active,
La marche des battoirs roula
Des vieilles qui font la lessive.

ENVOI.

Toujours ma gaîté redoubla,
Chassant aux rimes, sur l'eau vive,
Quand le clair caquet me troubla
Des vieilles qui font la lessive.

BALLADE POUR LES GRAS

A JEAN RICHEPIN

V RAI, c'est un garçon d'étable,
   Ce Jean ! Remuer ainsi
Mon vieux bordeaux, or potable
Dans un goulot aminci.
J'en suis encor tout transi !
Mais d'où ces hurlements aigres
M'arrivent-ils jusqu'ici ?
Feu dans le tas ! C'est les Maigres.

Devant leur air lamentable,
Devant leur flanc rétréci,
La faim la plus respectable
Ne va que coussi-coussi :

J'ai le gosier épaissi ;
Tous les vins me sont vinaigres ;
Ce gigot sent le roussi.
Feu dans le tas ! C'est les Maigres.

O le temps épouvantable
Par les rhéteurs obscurci !
Comment vivre ? Même à table
Ces gens me sont un souci ;
Je sens leur souffle ranci
Dans mon dos. Corses allègres,
Sauvez-nous, pas de merci,
Feu dans le tas ! C'est les Maigres.

ENVOI.

Prince : fort, sois bon aussi.
Au rachat des petits nègres,
Travaille. Mais pour ceux-ci :
Feu dans le tas ! C'est les Maigres.

LE VIOLONEUX

———

A ANDRÉ THEURIET

L E bon vieux bossu, tout près
          D'une·borne
Apparaît, rasé de frais,
          En tricorne,
Et s'avance entre les bancs
          Sous les saules
Avec des nœuds de rubans
          Aux épaules.

C'est dans les prés, en plein air,
          Dès la brune,
Que l'on se dirige au clair
          De la lune.

Au fond le clocher à jour
     Est superbe,
Et le cimetière autour
     Dort sous l'herbe.

Le vieux monte sur un muid
     Qu'on lui roule,
Prend son archet dans l'étui;
     Et la foule
Des filles et des garçons
     Du village
Est dès les premiers flonflons
     Tout en nage.

Mais sachant tout embarras
     Hors de mise
Les gars s'arrangent en bras
     De chemise
Et pendent aux troncs branchus
     Des yeuses
Leurs vestes près des fichus
     Des danseuses.

« Allez-y! » Le vieux nabot
     Râcle et tonne
Tout en cognant du sabot
     Sur sa tonne,

Si gai! que de ses refrains
La voix fausse
Fait danser les morts voisins
Dans leur fosse.

« Allez-y! » Mais comme un coup
De trompette
Le tonneau craque du bout,
Craque et pète;
Et le vieux par qui marchait
La grand'noce
Disparaît, lui, son archet,
Et sa bosse.

Bah! les danseurs n'ont rien su,
Et la ronde
S'accélère! Et le bossu
Par la bonde
Enforcit ses larifla
De crécelle
Et crie : « Allez-y! pour la
Pastourelle. »

CHANSON

—

A ANDRÉ THEURIET

Hé! mon chien blanc, ma jument grise,
Steeple! en avant! allons! allons!
Poussés par la première bise
On a des ailes aux talons.
Bonjour, Soleil. Trembles ou chênes
Vibrent, sonores, au lointain.
Je prendrai mes chansons prochaines
    Dans les bois du matin.

Voici l'heure des longues courses
Au grand air libre, compagnons;
L'heure de mettre au creux des sources
Rafraîchir les vins bourguignons.

Pour l'âme en quête de paresse
Vive le gazon attiédi
Où l'on peut joncher son ivresse
        Dans les bois à midi.

Mignonne, les oiseaux qui s'aiment
Vont aux forêts faire des nids,
Et leurs becs aux quatre coins sèment
La joie en concerts infinis.
Comme eux dedans, nous, sous les branches,
Nous bâtirons un reposoir
Et nous crierons nos amours franches
        Dans les bois de ce soir.

BALLADE

POUR CEUX DU RÉGIMENT

Nous n'avons pas pour la pluie,
Pour la faim, d'effroi banal,
Mais qu'un bourgeois nous ennuie
De ses phrases de journal,
S'il regarde le Cantal
Nous nous tournons vers l'Isère :
Le sans-gêne est un régal
Au régiment de misère.

Râcleurs de harpe ou de suie,
Pauvres au poil de chacal
Que la brise seule essuie,
Le poisson dans son bocal

Craint plus tout impôt fiscal
Que nous dont l'humeur peu fière
Prend tout Paris pour local
Au régiment de misère.

Rimeur, ton rêve qu'appuie
A terre un guignon fatal,
Si tu désires qu'il fuie,
Libre, vers son nid natal :
Le ciel bleu de l'idéal,
Viens. Tu sais que pour toi, frère,
On ne fut jamais brutal
Au régiment de misère.

ENVOI.

Prince, avec nous ça prend mal
Vos façons de garnisaire :
N'est pas qui veut caporal
Au régiment de misère.

LE LAC

L E lac vierges aux eaux profondes,
Œil au calme immuable ouvert dans les rochers,
Reflète des étoiles blondes
Les fronts dans l'éther pur nonchalamment penchés.

On entendrait dans le silence
L'image de la lune allant au fil du flot.
Mais un bateau qui se balance
Approche, et l'on entend chanter le matelot :

« Douce étoile, étoile voisine
De la haute montagne à l'hiver éternel ;
Cousine, ô petite cousine !
Qui vivais si contente au vieux toit paternel ;

Pardonnez à l'âme orgueilleuse
D'un imbécile enfant qui vous eut sous les mains
    Dans sa jeunesse insoucieuse,
Et qui vous méconnut pour courir les chemins.

    Avoir pu le bonheur ! et n'être
Aujourd'hui qu'un sceptique indigne de pitié...
    Auprès de la vieille fenêtre
Mon berceau se tenait, l'emplissant à moitié.

    Sous tes rideaux de percaline,
Humble berceau d'osier, quelles nuits j'ai dormi !
    Tous les soirs la petite Aline
Me baisait sur les yeux déjà clos à demi.

    Et tous les matins, à l'aurore,
Pour que je les rouvrisse au soleil, il fallait
    Qu'elle vînt les baiser encore.
— Je croyais sur ses dents blanches boire du lait.

    Tous les soirs, la petite étoile
Aline retirée arrivait à son tour ;
    Et tous les matins sous le voile
De mes minces rideaux elle annonçait le jour.

    Par ta lueur qui s'est posée,
Douce étoile, à mon front ; par tes baisers, à toi,
    Plus frais que l'aube et la rosée,
O petite cousine, ayez pitié de moi.

Pitié! car mon âme est vaincue.
Pitié! pitié! depuis que j'ai voulu partir,
  L'horrible nuit que j'ai vécue
M'a donné pour toujours la pâleur du martyr.

  Je voulais l'amour et la gloire :
J'ai perdu l'espérance et les illusions ;
  Et je n'ai plus qu'en ma mémoire,
Aline : tes baisers ; étoile : tes rayons.

  Allons, fermez le sac de toile :
Il est plein ; il est vide : amarrez le bateau.
  O cousine, ô petite étoile,
Adieu! j'ai tant pleuré que j'aspire au tombeau. »

  Mais voilà que sur l'eau profonde
Son œil en se baissant tout à coup s'est séché.
  C'est qu'il voit d'une étoile blonde
Le front dans l'éther pur nonchalamment penché.

  « Gai! la cousine m'est fidèle.
Gai! la petite étoile aux cieux brille toujours.
  C'est le printemps, c'est l'hirondelle
Qui ramènent au cœur l'appétit des amours. »

  Il aborde à l'auberge verte
Dont l'enseigne reluit aux clartés du matin ;
  Et la grand'porte à peine ouverte
Il voit madame Aline à son comptoir d'étain.

Madame Aline est devenue
Mère, avec de grands poils dans son nez de barbon.
    Il dit, dès qu'il l'eut reconnue :
« Çà, madame l'hôtesse, avez-vous du jambon ? »

LA HAIE

A GEORGES HEM

LA haie était fleurie et vive d'églantiers
 Qui formaient le berceau par-dessus les sentiers,
Clair fouillis d'ombre verte à la tiédeur bien close
Où trois petits enfants nichaient leur gaité rose.
Je m'approchai tout bas pour connaître leur jeu.
C'est Pierre, Jean, et Jeanne avec un ruban bleu
A son front tout frisé de boucles de lumière.
Neuf ans. Elle est l'aînée et parle la première :
« Nous sommes trois, eh bien ! jouons aux mariés.
La ferme, c'est la haie. Avec les ouvriers,
Jean, qui serait mon homme, irait mener la herse.
— Bon ! répond Jean joyeux, et si mon cheval verse
Et se pique, on fera venir l'artiste. — Et moi,
Que ferai-je tout seul ici, Jeanne, avec toi ?
Je veux aussi conduire un cheval... — Oh la bête
Qui n'écoute jamais et n'entend qu'à sa tête !

Mais tu restes, tu ris, tu m'embrasses les yeux...
Jean est l'homme, il faut bien que tu sois l'amoureux. »
La haie était fleurie et je pensais ces choses :
Qu'elle aurait dans dix ans toujours les mêmes roses
Parfumant la même ombre où filtrerait encor
Par le même feuillage un même rayon d'or ;
Que Jeanne, Pierre et Jean, la lèvre aussi vermeille,
Auraient l'âme aussi libre et la chanson pareille ;
Et que la vie est bonne ici-bas et qu'il faut
La prendre comme elle est, non la chercher plus haut.

LES ILES D'OR

A FRÉDÉRIC MISTRAL

O compagnons pâlis, loin de l'air empesté
    Des villes, loin des murs de prison, loin des hommes,
Venez dans la lumière et dans la liberté.

C'est l'été ! C'est l'été ! Les sèves et les gommes
Mûres crèvent les troncs et les fleurs. C'est l'été !
Nos cœurs seuls sont fermés, ô pauvres que nous sommes.

Eh bien, ô compagnons, rouvrez-les à l'espoir.
Ouvrez-les grands, si las qu'ils soient, plus grands encore.
La plaie en guérira dans les baumes du soir.

Car ce n'est plus ici la saison qui dévore.
La cime des pins fume ainsi qu'un encensoir;
Mais en bas la cigale en la lande sonore

Jetant ses cris, pendant qu'au sommet reposé
Des Alpilles s'efface un bois de térébinthes
Sous les déroulements d'un brouillard blanc rosé,

La cigale jetant ses cris d'acier, les plaintes
Douces du rossignol au prélude apaisé
Montrant que de son mal il n'a plus que les craintes :

Tout nous dit que la nuit descend, la nuit d'été
Miséricordieuse, embaumée, ineffable.
— La nuit d'été! La nuit! — D'un regain de clarté

Le soleil bas, qui meurt et saigne sur le sable,
Fait de chaque nuage au vent largue emporté
Une île d'or flottant sur l'azur immuable.

— La nuit d'été! La nuit! — Et voici qu'aux appels
De la cigale et du rossignolet mes rêves
Des nuages errants touchent les archipels,

Et voici que sauvés des erreurs les plus brèves
Mes yeux ont reconnu les chemins éternels
De l'idéal et des inviolables grèves.

Désespérance, ennui, mon âme en son essor,
Ainsi que fait l'oiseau du poussier de ses ailes,
Vous secoue et joyeuse aborde aux iles d'or.

Les unes, au sang pourpre à flots échappé d'elles,
Sont des soldats blessés mais non vaincus encor
Pour un suprême assaut serrant leurs rangs fidèles.

Mais toutes, sans souci des coups du grand soleil,
Naviguent fièrement parmi les incendies
Et gagnent de garder leur place au ciel vermeil.

Que désormais mon rêve en leurs courses hardies
Les suive, calme et pur ! Qu'il berce son sommeil
Dans leur sillage au sein des vagues attiédies !

Allez donc, îles d'or : où vous irez, j'irai.
Des nids d'en bas, porté par le mistral qui vibre,
Près de vous dans le chant des sphères, je viendrai.

Et quand mon pouls battra trop fort dans l'éther libre,
Aux tours de Romanin descendant, enivré,
Je veux revoir les jeux d'autrefois, ô Félibre,

Et prendre place au chœur pour ton hymne sacré :

« *Nous sommes de ton sol, ô Grèce triomphale !*
« *Vos neveux, Hésiode, Orphée, hommes divins !*

« *Car nous sommes tes fils, ô Provence comtale,*
     « *Et notre capitale*
« *Est Marseille, où la mer voit jouer les dauphins!* »

— La nuit d'été! La nuit! — Mais là-bas sur ce groupe
De collines où meurt le chant d'un magnanier
Et d'où descend le pâtre au devant de sa troupe,

Un frisson passe, aigu, puis un cantique entier.
Puis une chevelure angélique, à la croupe
D'un des côteaux s'allonge au-dessus d'un sentier.

Criant l'amour, ainsi que hennit la cavale
Quand le taon l'a mordue au flanc, le taon malin,
Serait-ce Margaï dans les champs qui dévale?

Non... C'est le vent des nuits d'été, frais et câlin;
Sur le sentier des Baux *c'est la lune spectrale*
Qui dévide la laine et dévide le lin.

Non... C'est le rossignol qui pleure dans la plaine;
C'est la lune spectrale au repos sur les monts
Qui dévide le lin et dévide la laine.

Hé! qu'il meure s'il veut, ce jour que nous aimons,
Nous, matelots vieillis qui même sous l'haleine
Des brises de Majorque avons froid et ramons.

Qu'il meure ! Aux pays d'or inconnus de l'hyène,
Sur le flot pacifique aux lueurs de béryl,
Maître, ma voile avance à l'abri de la tienne.

Et qu'à la nuit revienne encor mon mal subtil :
Maître, j'ai tes chansons. Et que le froid revienne :
J'ai de ton bon soleil plein l'âme. Ainsi soit-il !

JEAN-GUENILLON

JEAN-GUENILLON.
Fut trouvé dans une jachère,
Un matin, au fond d'un sillon,
Perdu là par quelque vachère.
Le taupier qui l'a ramassé
A dit, dès qu'il l'eut embrassé :
« Ça sera l'homme de ma fille
Jeanne-Guenille. »

Jean-Guenillon
Grandit donc près de la gamine,
Et mouvant comme un barbillon
Nargue le froid et la famine.

Aussi voit-on le vieux taupier
Rire aux éclats, à cloche-pied
Dans une ronde que babille
    Jeanne-Guenille.

    Jean-Guenillon
Vous prend-il un air avec l'âge!
Jeanne-Guenille, en cotillon,
Devient reine aux bals du village...
Il cria d'abord, puis il rit,
Le vieux taupier, quand il apprit
Qu'elle allait grossir la famille,
    Jeanne-Guenille.

    Jean-Guenillon
Et sa Jeanne ont d'un coup deux mioches.
Entends-tu leur gai carillon,
Vieux taupier qui ris et t'approches?
Vrai, les petits gueux c'est béni.
La misère a bon être au nid,
Ça rit, ça grandit, ça frétille,
    Jeanne-Guenille.

    Jean-Guenillon
S'apprête, sans y penser guère,
A suivre en brave compagnon
Des soldats partant pour la guerre.

Ne le retiens pas : les tambours
Appellent, des champs aux faubourgs,
Tous ceux qui marchent sans béquille,
    Jeanne-Guenille.

Jean-Guenillon
Dit bonsoir à Jeanne, à l'orée
D'un bois mort de tout oisillon,
Puis, part, droit. Mais, décolorée
Et froide, il la voit qui souvent
Se tourne et vers lui sur le vent
Envoie une larme qui brille,,.
    Jeanne-Guenille.

Jean-Guenillon
Entend claquer dans l'air sonore
Tes guenilles, cher pavillon
Blessé, trahi, mais haut encore.
Il fallait avec les amis
Les voir jouer des lourds fusils
Comme ferait d'une faucille
    Jeanne-Guenille.

Jean-Guenillon
Est mort par là-bas... Où?... Qu'en sais-je?
Ils étaient tant, du bataillon,
Qu'a recouverts la grande neige

Le vieux taupier, abasourdi,
Boit maintenant et dès midi
Roule ivre-mort avec sa fille
    Jeanne-Guenille.

    Jean-Guenillon,
Dors sanssoucis, où que tu dormes :
J'ai vu le bagne à ton garçon
Offrir ses gamelles énormes ;
Pour ta fillette, au boulevard,
Elle a sous la soie et le fard
De beaux tordions de chenille,
    Jeanne-Guenille.

BALLADE

POUR LA BONNE AUBERGE

Dès le tournant de Flamboin
   Je la vois : c'est la première,
La ferme ouvrant sur le coin
Sa grand'porte charretière.
La fermière est l'hôtelière.
Autour du comptoir d'étain
Les canards ont leur litière
Chez Pléaux de Port-Montain.

Auprès du grenier à foin,
   Juste en face la rivière,
On nous y garde avec soin
La grand'chambre familière.

Ils sont en toile grossière
Mais frais d'iris et de thym,
Les lits, hauts, à la fermière,
Chez Pléaux de Port-Montain.

L'appétit n'a pas besoin
Qu'on y mette de manière :
La friture n'est pas loin,
La basse-cour est derrière,
Le vin clair, à la lumière
Est si gai, nom d'un mâtin,
Qu'on en roule dans l'ornière
Chez Pléaux de Port-Montain.

ENVOI.

Petite, l'amour sévère
Ne va pas avec mon teint.
Viens que je t'aime à plein verre
Chez Pléaux de Port-Montain.

CHIENNERIE

J'OUVRE d'un coup, sitôt levé,
  Mes volets au jour qui s'éveille.
Les épluchures de la veille
S'alignent le long du pavé.

Tout juste en face ma fenêtre,
Ainsi que les autres bourgeois
De la rue ayant du bien-être,
J'ai mon petit tas, où je vois

Des tiges vertes de carottes,
Un fond d'artichauts (un ou deux),
Des épluchures d'échalotes,
Des os, et des coquilles d'œufs.

Au couchant plein d'ombre, l'écharpe
Des nuits jette son dernier lest,
Mais comme une corde de harpe,
Vibrant, un rayon part de l'Est.

Avec l'aube arrive une chienne
Dans ma rue, aux bords des trottoirs.
Des chiens la suivent par dizaine
Levant la patte aux décrottoirs.

C'est une épagneule griffonne.
Son poil noir comme chez Borax
Le chien d'Actéon, se chiffonne,
Se feutre à l'avant du thorax.

La peau conserve, au plat des cuisses,
Le nu des ingénuités :
Les muscles adducteurs sont lisses
Protecteurs des virginités.

Et l'œil qui semble une améthyste,
Vu sous certain angle incident
Est vivant comme un œil d'artiste
Enfiévré par quelque accident

D'extase, d'amour ou d'envie.
Cependant, sans ordre, en troupeau,
Les divers chiens qui l'ont suivie
Hument l'âcre odeur de sa peau.

Ils sont là, pattes repliées,
Réunissant des spécimens
De leurs races multipliées
Dans tant de hasardeux hymens.

Ils sont là, ces loulous d'Alsace
Au poil roide comme un ligneul,
Des bull-dogs, des braques de chasse,
Un terre-neuve, un épagneul,

Un chien sans nom, pauvre aux yeux bigles,
Aux sourds abois en trémolo,
Et jusqu'à mes deux petits beagles
Débauchés par Diavolo,

Mon Volo, roi des chiens bohêmes,
Pur griffon au poil encrassé,
Qu'un ami, faiseur de poëmes,
Un soir, en mourant, m'a laissé,

Un soir de printemps édénique,
En plein hôpital Saint-Louis
Où son amour phagédénique
L'avait jeté, les os rouis.

En arrière un peu de la troupe
Jappe le chien d'une catau :
Ça dédaigne la bonne soupe
Pour ne manger que du gâteau ;

On leur pommade la moustache;
Ça toussote avec des hoquets;
Une écœurante mousse tache
L'œil et les dents de ces roquets.

La brise aux senteurs de pastèque
S'échauffe aux premiers rayons d'or,
Et pourtant l'on voit cet aztèque
Du froid des nuits trembler encor,

Quand chacun des autres chiens, brave,
Solide, et gai bien que pestant,
Près de la chienne qui se gave
Combat pour avoir son restant.

Or, la chienne en rut sous tes flammes,
O soleil qui te pavanais !
A pris le morveux havanais.
Ces chiennes, on dirait des femmes.

LETTRE

MA chère amour, ce n'est pas toi qui vous a rien
De ces femmes de marbre, et d'ivoire et de nacre,
Déesses dédaignant même qui les consacre :
Ces rimeurs d'aujourd'hui qui les vantent si bien.
Oh! non, toi, tu n'es pas d'albâtre ni d'ébène.
Tu n'as guère qu'un peu plus de seize ans. A peine
Si tu n'es plus gamine. En fouillant le tiroir
De la table de nuit pour t'y prendre un miroir,
Il n'y a pas longtemps que je trouvai, fripée
Dans sa robe à volants, ta dernière poupée.
C'est même ce soir-là — tu ris! — que tu voulus
Assurer ton triomphe en ne défendant plus
Aucun voile, et que, droit et hardi sous la lampe,
Tu me montras ton corps nu des pieds à la tempe.

« Dis encor si je suis une enfant, dis-le voir »,
Me disais-tu, campée en page, et l'orgueil noir
De tes yeux s'allumant encor dans l'ombre extrême.
Cette impudeur d'instinct du beau sûr de lui-même
M'enfiévra d'un fer rouge au dos, et je te pris
Comme un faune sa proie et t'emportai... Tu ris !
Et tu caches tes yeux, tes yeux ! claire lumière
Des miens, dans cette pose à tes bras coutumière
Après l'amour, quand lasse et défaite, tu dors
Laissant tout l'ineffable abandon de ton corps
A la garde de mes baisers et de ma veille.
Je n'abuserai pas de ta foi, va. Sommeille.
Je n'aime à m'enivrer de toi que pour moi, non
Dans l'espoir d'attirer quelque gloire à mon nom
En berçant ta splendeur au rhythme de mon livre.
Ah bien oui, ce bourgeois gras-doublé pourrait vivre
Et se gaver de toi dans mes vers pour trois francs !
Je lui dirais tes dents ! ce repli de tes flancs !
Il pourrait, calant bien sa goutte sur sa chaise,
Savourer à loisir ta joue ! et cette fraise
Des bois timide encore à tes seins demi-mûrs !
Mais si je le voyais de ses pouces impurs
Appuyer sur la page où j'aurais dit la ligne
De ton corps, j'aurais peur que ce contact indigne
Ne transmit une tache aux blancheurs de ton col.
C'est que je t'aime tant ! vois-tu. Je suis le fol
Et maussade amoureux dont si souvent nous rîmes ;
Dont l'esprit s'ingénie à trouver des abîmes
Sous le moindre cahot de l'amour le meilleur ;

Envieux de ton chien qui n'a pas la frayeur
Des séparations d'avance, et qui se laisse
Flatter, et couche enfin, t'enroulant dans sa laisse,
En tapis à tes pieds son sommeil tiède et coi ;
Envieux de ton vieux grand-père ; jaloux, quoi !
· Du vent qui te caresse, et mon âme sujette
Aux mauvais songes, songe aux propos qu'il te jette
A l'oreille en passant à travers tes cheveux.
Oui ! je suis fou ! j'ai des désirs de fou ! Je veux,
Tiens, t'embrasser à l'aise au milieu d'une plaine
De chez nous, quand midi flambe, et que toute haleine
Se réfugie à l'ombre au creux des bois plaintifs.
Je veux t'avoir ainsi qu'aux âges primitifs,
Parmi les champs de blé, tout le ciel sur nos têtes,
Faire avec toi l'amour violente des bêtes,
Puis t'adorer, comme un enfant prie au réveil,
Et te redresser nue et vibrante au soleil.
Viens. Donne-moi ta chair toute entière ! Je râle.
Ce n'est pas de l'amour que j'ai, c'est la fringale.
Rien n'est plus sûr pour moi, rien n'est plus vrai : bonheur,
Famille, gloire, argent, rien ! pas même l'honneur,
Rien ne vaut rien que toi, rien ! et la mort suprême
Est mon seul rêve quand tu n'es pas là. Je t'aime.

CÉRÈS

A PAUL BEURDELEY

UNE paysanne s'avance
Dans le trèfle entre les sentiers.
Elle a comme trente ans entiers.
Le jour tombe dans le silence.

C'est bien la femme de chez nous
Pendant qu'elle travaille en plaine :
Avec un seul jupon de laine
Qui s'arrête au bas des genoux,

La chemise de grosse toile
Compose tout le vêtement.
Un coin palpite au firmament.
Ou pressent un lever d'étoile.

Mais rien encor n'est éclairé,
Et, droite sous sa charge d'herbe,
La femme s'enlève, superbe,
Sur l'horizon décoloré.

Une étoile... Puis deux... Puis mille...
La paysanne est près de moi.
Pris de je ne sais quel émoi
Devant sa majesté tranquille,

Devant son placide regard,
Je dis : Salut, Mère immortelle,
O Cérès. — Non, Monsieur, dit-elle,
Je suis la femme à Jean Gaspard.

LES STOIQUES

Pour ceux-là qui s'en vont criant par les chemins,
Dans la rue, et devant les badauds qui s'en rient,
Les peines de leur cœur qu'ont déchiré les mains
De la femme choisie entre toutes : qu'ils crient!

Pour ceux-là qui s'en vont comme des chiens perdus
Aboyer tous les soirs à la lune et dont meurent
Les restes d'énergie en sanglots répandus
Dans l'eau fade des lacs à nacelles : qu'ils pleurent!

Pour ceux-là qui s'en vont singer Monsieur Rolla
Au premier cabaret doré qu'ils aperçoivent
Avec Esther, cotée au Stud-book, pour ceux-là,
Nigauds croyant encore à l'ivresse : qu'ils boivent!

Pour ceux-là qui, trouvant leurs désespoirs trop lourds
A leurs cœurs maladifs d'enfants gâtés, succombent
Et vont chercher l'oubli de deux yeux de velours
Dans l'ombre et dans la paix du suicide : qu'ils tombent !

Ce ne sont pas des miens. J'ai vu trop tôt partir
Leurs cris dans des chansons qui font qu'on les honore.
Enfant préoccupé de poser en martyr,
Ton blanc tombeau, pour qu'il soit plein, est trop sonore.

Mes vrais martyrs d'amour, les maudits, mes héros,
On n'entend pas leurs cris, on ne voit pas leurs larmes ;
Ils n'ont pas affiché les noms de leurs bourreaux ;
Ils peuvent les revoir sans appeler « Aux armes ! »

Non ! Souriant toujours et ne riant jamais,
Ils gardent pour eux seuls leurs souffrances qu'avivent
Encor ces tons calmés dont ils couvrent leurs traits.
Pourtant leur vie, hélas ! ne vaut pas qu'ils la vivent.

Leur joie unique et rare est de sentir leur peau
Froide, quand le grisou, dessous, les brûle à l'âme.
Ils portent à leur front, comme un banal drapeau,
L'air béat du vieillard revenu de la femme.

Ils savent opposer dans leur œil affaibli
Aux plus tentants appels des chairs provocatrices
L'impassibilité sereine de l'oubli,
Masque au dedans couvert de rouges cicatrices.

Allez ! sous votre calme, ô sublimes vaincus,
Sous la fierté des fronts et sous leur paix divine,
Les lamentables jours que vous avez vécus,
Je les devine, amis... Surtout, je les devine,

Ces longues nuits toujours les mêmes, où seuls, seuls,
Pour fuir la vision que vos sommeils débiles
Ne peuvent plus chasser, droits comme en des linceuls,
Vous attendez l'aurore, éveillés, immobiles.

L'aurore !... Ah çà ! qui donc parle d'aurore ici ?
L'aurore ? C'est un mot bon pour toi, Juliette,
Roméo, bon pour toi. L'aurore !... La voici :
Et le rossignol cède à l'allègre alouette.

— Pars, mon Roméo, pars. — Et du balcon doré
L'enfant lui montre en bas l'épaisse forêt verte ;
Et lui, d'un long baiser sur son front adoré
Prolonge encor l'adieu de sa lèvre entr'ouverte.

Ah ! va-t'en sans gémir, fils des Montaigu. Pars.
N'as-tu pas pour tantôt, pour les claires paresses
D'un rêve aux yeux mi-clos sous tes cheveux épars
L'enivrant souvenir des nocturnes caresses ?

L'aurore !... Dans l'alcôve à l'amour infini,
C'est l'époux, délivré de toute faim charnelle,
Qui contemple l'épouse en son sommeil béni
Nommant déjà le fils qu'elle sent croître en elle...

Mais pour vous, délaissés, mes frères en rancœur,
L'aurore : c'est le jour, le jour : c'est la bataille
Atroce où le vaincu doit sourire au vainqueur
S'il ne veut pas qu'on rie, à sa mort, et qu'on raille.

Marchez donc sans faiblir jamais, ô dédaignés !
Celle qui vous trahit, près de vous qu'elle passe
Sans qu'un éclair s'allume en vos yeux résignés,
Sans qu'un flot de vos cœurs ne monte à votre face.

Mais quand je vous approuve en mon âme, pourquoi
Ma contrainte à vous suivre est-elle donc si vaine ?
Toi par qui j'ai vécu, toi par qui je meurs, toi,
Va, je t'aime toujours, j'en jure par ma haine.

LE RÊVE A THOMAS

C'EST un premier labour. Faut que ça soit profond.
Les deux chevaux sont des poulains virois qui font
Vibrer à chaque pas le soc de la charrue.
Le gauche a les jarrets un peu gonflés ; il rue
Et se cabre au toucher des traits, chaque matin
En sortant de la cour, comme si le lointain
Lui soufflait aux naseaux dans sa première haleine
Un souvenir des verts enclos de la grand'plaine
Normande, où l'herbe grasse et si tendre, à l'abri
Des pommiers, montrerait de ses bonds de cabri
La foulée encor fraîche au bord des larges haies.
L'autre est un peu plus vieux, bien qu'aux légères plaies
Qui tarent son épaule à l'endroit du collier
On sache qu'il n'est pas beaucoup plus familier

Avec le harnois lourd de nos fermes de Brie.
La charrue entre à plein guéret. Le coutre crie
A fendre sa mortaise, et l'homme a des jurons,
Et lève du poignet le bout des mancherons,
Et du bois de son fouet frappe le bois de l'age
Pour exciter encor l'ardeur de l'attelage
Qui n'a guère besoin qu'on l'excite, pourtant !
Aussi bien avant l'heure, on voit Thomas, content,
Qui passe la musette au cou de chaque bête
Et se fiche à plat-ventre au bout du champ, la tête
Le menton appuyé sur ses bras accoudés.
Il promène ses yeux, des chevaux débridés
Et secouant leur sac pour renifler l'aveine
A sa charrue encor cliquetante, à la plaine,
Aux sillons retournés fumant dans l'air vermeil.
C'est à lui tout ça : terre, et chevaux, et soleil.
Et sur la terre meuble et tiède, vraie étoupe,
Il rêve que sa femme arrive avec la soupe.

HERCULE STROZZI

C'EST une nuit d'été, d'un noir lourd, à Ferrare.
L'air qu'on respire semble en suie. Un souffle rare
Vient des bords indistincts du fleuve et du canal
Où, comme un caillot roux, saigne chaque fanal.
Le ciel est triste, et les flots tristes, et le reste...
Et le plus triste encor, c'est le fier palais d'Este...
Et dans le fier palais, carré superbe et fort,
Le plus triste est Donna Lucrezia, qui dort
Ou s'essaye à dormir.

               Mais la Sérénissime
Dame s'est dit hier que l'âge enfin décime

Les plus beaux lys, les plus belles roses, hélas !
Et que la cendre est froide et grise, et que, bien las,
Son cœur n'est déjà plus sonore aux coups vivaces
Qu'y frappaient ses amours, jadis, de hautes races.
Au clair jour ce penser la quitta par instant.
Mais voici qu'à cette heure il revient si constant
Qu'il embrunit son front d'une ombre circulaire
Comme ferait un vol d'oiseau crépusculaire.
Et cependant jamais Votre Altesse, non ! non !
Illustrissime Dame, à ce groupe en renom
De beaux esprits toujours auprès de vous en fêtes,
N'a fait autant plaisir qu'aujourd'hui vous le faites :
Car vous êtes en tout épanouissement,
Car vous seriez la vie et l'orgueil d'un amant,
Car vous êtes la gloire avec la courtoisie,
Dans les écrins de Rome une perle choisie,
Allégresse, douceur, charme, sérénité,
O Reine en ce pays des reines de beauté,
O si bonne, si noble, Illustrissime Dame !

La chambre est dans un jour somnolent, à la flamme
D'une torche à demi-consumée et qui meurt
En hâte d'exhaler le parfum endormeur
De la cire figeant, comme un baume cinabre,
Ses larmes en relief sur l'or du candélabre.
Le plancher est couvert d'un unique tapis
Où sont peints mille oiseaux radieux, des lapis
Aux prunelles, sur un fond duveté d'hermine
Qu'un étroit satin noir en bourrelet termine.

Aux quatre murs carrés quatre pans de velours
Multicolore : en bas, les noir-brun, sourds et lourds
Dessus, le violet, le pourpre ; ensuite éclate
Le roi des tons vivants, le sonore écarlate
Qui monte et se dégrade enfin en lilas clair ;
Et c'est alors immense, et le plafond a l'air
De s'envoler dans la candeur d'un ciel de roses.
Mais quels yeux vils verraient aucune de ces choses ?
Verraient le candélabre où l'on sent le fini
D'un de ces précurseurs maîtres de Cellini ?
Ou ce tapis féerique et si moelleux qu'il semble
Qu'on n'a plus sous les pieds qu'un nuage et qu'on tremble
Comme si l'on craignait d'enfoncer dans l'azur ?
Qui verrait le coussin filigrané d'or pur,
Au duvet tiède encor de la gorge du cygne,
Alors que la Duchesse en sa splendeur insigne
Y sommeille, sachant qu'elle est seule, et qu'ici
Nul n'entre sans faiblir, pas même le Duc, si
Quelque ordre exprès ne lui fait perdre sa faiblesse ;
Alors que dédaignant ce voile qui la blesse
Comme une vaine insulte à sa tranquillité,
Elle dort, nue et blanche ainsi qu'une clarté...
On dirait que du jour mystérieux et calme
Comme un reflet lunaire au rhythme d'une palme
Émane d'elle, des trois adorables plis
De son col, aux orteils dont les ongles polis
Semblent des onyx purs couvrant des cœurs de pêche...
L'œil est clos. Et le souffle est si doux qu'il empêche
De douter du sommeil, à peine soulevant

Les fruits aigus et délicats d'un sein d'enfant.

Mais voici, murmurés comme on murmure en rêve,
Des mots entrecoupés... Puis, d'abord brusque et brève,
La phrase devient lente et couve un sourd dépit
Dans l'écho familier qui goûtait le répit
De l'ombre et du silence à cette heure nocturne :
« Quoi! c'est ainsi que nous devenons taciturne,
« Nous, le gai compagnon... Taciturne, et muet,
« Lorsque la veille encore on trouvait à souhait
« Pour nos décamérons et nos soirs de musiques,
« Les sonnets embaumant, les glorieux cantiques,
« Les claires canzoni, les doux terza rima...
« Quoi ! l'on moque aujourd'hui ce qu'hier on aima.
« Et la cause? Mon Dieu, c'est bien simple : on recule
« La coupe : on n'a plus soif... Ha ! Monseigneur Hercule,
« Je m'explique vos airs contrits, irrésolus :
« Le doux vin que j'offrais ne vous agréait plus,
« Et déjà vos baisers, infidèles abeilles,
« Voltigeaient aux entours de lèvres plus vermeilles.
« Il fallait qu'on l'aimât... Ou bien il se tûrait...
« Et la flamme éternelle alors qu'il nous jurait
« Allumée à la nuit s'éteignait à l'aurore !
« Nous sommes reniée !... Et pour quelle autre encore !...
« Si c'était seulement pour ma nièce Angela,
« Ou quelque enfant comme elle, on comprendrait cela.
« Ce doit être si bon d'aimer une amour neuve !
« Mais me délaisser, moi ! Pour qui ! Pour cette veuve !
« Mais si ce titre vous plaît tant, mon doux bourreau,

« Je suis veuve aussi, d'un Sforza de Pesaro
« Et d'un fils d'Aragon ! Et tu vois, gentil maître,
« Qu'en telle compagnie un homme peut paraître,
« Fût-il grand comme un duc de Ferrare, aussi beau
« Que le Valentinois, ou plus fin que Bembo... »

La troisième heure après minuit, lentement, tinte
Au dehors. Toute lampe à Ferrare est éteinte.
La chambre de Lucrèce est éclairée encor,
Et sa fenêtre veille entre les barreaux d'or,
Trouant seule d'un œil vivant la face sombre
Du grand palais ducal partout ailleurs dans l'ombre.
Lucrèce se soulève un peu sur le bras droit.
Et comme sur la neige immaculée on voit
Glisser l'éveil de l'aube, un lent frisson de fièvre
Monte, rose, à sa gorge, et ramène à sa lèvre
Le sourire câlin de Rosa Vannozza.
C'est alors qu'un long cri, sinistre, qui passa
Déchirant tout à coup l'ombre et les murs de pierres,
Comme d'un doux baiser lui ferma les paupières.

A la même heure, au coin du palais Pareschi,
Le six juin mil cinq cent huit, Hercule Strozzi
S'endormait sous sa cape étroite de lustrine,
Avec vingt-quatre coups d'épée à la poitrine.

TABLE

TABLE

SONNETS

CHOSES COURTES

MÉLANGES

6

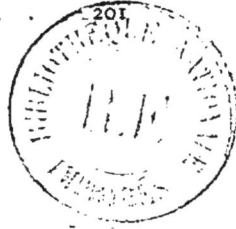

Achevé d'imprimer

le vingt-cinq mai mil huit cent quatre vingt-un

PAR CH. UNSINGER

POUR

ALPHONSE LEMERRE, LIBRAIRE

A PARIS

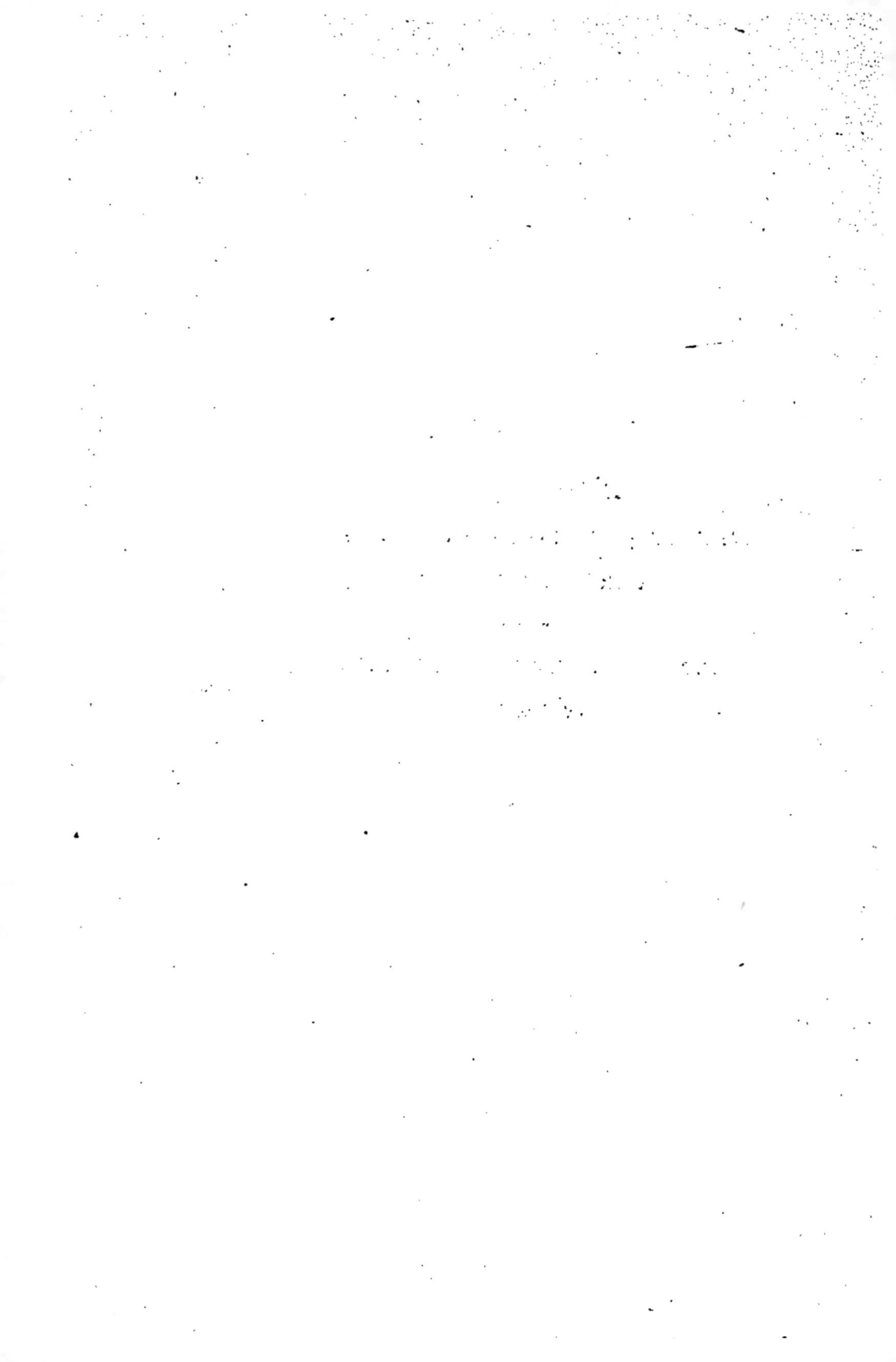

PETITE BIBLIOTHÈQUE LITTÉRAIRE
(AUTEURS CONTEMPORAINS)

Volumes petit in-12 (format des Elzévirs)
imprimés sur papier vélin teinté
Chaque volume : 5 ou 6 fr.

Chaque œuvre est ornée d'un portrait gravé à l'eau-forte

BARBEY D'AUREVILLY. *L'Ensorcelée.* 1 vol.		6 fr.
— — *Une Vieille Maîtresse.* 2 vol.		10 fr.
— — *Le Chevalier des Touches.* 1 vol.		6 fr.

6 Eaux-fortes dessinées et gravées par FÉLIX BUHOT
pour illustrer le *Chevalier des Touches.* Prix. . . . . 10 fr.
7 Eaux-fortes dessinées et gravées par FÉLIX BUHOT
pour illustrer *l'Ensorcelée.* Prix. . . . . 10 fr.

THÉODORE DE BANVILLE *Idylles prussiennes.* 1 vol.		5 fr.
— — *Les Stalactites.* 1 vol.		5 fr.
— — *Odes funambulesques.* 1 vol.		6 fr.
— — *Le Sang de la coupe.* 1 vol.		6 fr.
— — *Les Exilés.* 1 vol.		6 fr.
— — *Occidentales.* 1 vol.		6 fr.
— — *Les Cariatides.* 1 vol.		6 fr.
— — *Comédies.* 1 vol.		6 fr.

AUGUSTE BRIZEUX. Poésies : *Marie.* — *Télen Arvor.* — *Furnez
Breiz.* 1 vol. . . . . 5 fr.
| — — *Les Bretons.* 1 vol. | | 5 fr. |
| — — *Histoires poétiques.* 2 vol. | | 10 fr. |

*CHATEAUBRIAND. *Atala, René, le Dernier Abencerage,* avec
notices et notes par ANATOLE FRANCE. 1 vol. . . . 6 fr.

ANDRÉ CHÉNIER. Poésies complètes. 3 vol. . . . . 18 fr.

FRANÇOIS COPPÉE. Poésies (1864-1869). 1 vol.		5 fr.
— — Poésies (1869-1874). 1 vol.		5 fr.
— — Poésies (1874-1878). 1 vol.		5 fr.
— — Théâtre (1869-1872). 1 vol.		5 fr.
— — Théâtre (1872-1878) 1 vol.		5 fr.

PAUL-LOUIS COURIER. *Œuvres,* avec une notice et des
notes, par M. FR. DE CAUSSADE. 5 volumes. Chaque
volume . . . . 6 fr

(Le premier volume est en vente.)

*GUSTAVE FLAUBERT. *Madame Bovary,* 2 volumes.		10 fr.
— — *Salammbo,* 2 vol.		10 fr.

7 Eaux-fortes dessinées et gravées par BOILVIN pour
illustrer *Madame Bovary.* Prix . . . . 12 fr.

*EDMOND ET JULES DE GONCOURT. *Renée Mauperin.* 1 vol.		6 fr.
— — *Sœur Philomène.* 1 vol.		6 fr.
— — *Germinie Lacerteux.* 1 v.		6 fr.
LÉON GOLZAN. *Aristide Froissant.* 1 volume.		6 fr.
— — *Polydore Marasquin.* 1 vol.		6 fr.
— — *Nouvelles.* 1 vol.		6 fr.

PARIS. — CH. UNSINGER, imprimeur, rue du Bac, 83.